# 250 tests
## DE FRANÇAIS

**Aurore PONSONNET**

# Module 1
## LES BASES

**Focus** La lettre C

*Corrigé page 243*

*Comment se prononce la lettre C dans les mots suivants ?*

1. **c**ourage
   - **A** [k]
   - **B** [s]

2. **c**ygne
   - **A** [k]
   - **B** [s]

3. an**c**ien
   - **A** [k]
   - **B** [s]

4. pres**c**rire
   - **A** [k]
   - **B** [s]

*Choisir la bonne lettre dans les mots suivants :*

1. un hame__on
   - **A** c
   - **B** ç
   - **C** s

2. un lan__ement
   - **A** c
   - **B** ç
   - **C** s

3. la fa__ade
   - **A** c
   - **B** ç
   - **C** s

4. la me__ure
   - **A** c
   - **B** ç
   - **C** s

5. l'a__ier
   - **A** c
   - **B** ç
   - **C** s

**Astuce** La lettre « c » suivie des voyelles « a », « o » et « u » ou d'une consonne se prononce [k]. <u>Exemples</u> : *café, collège, cube, clé, crabe*.

# Module 1
## LES BASES

*Choisir la bonne orthographe pour les mots suivants :*

Corrigé page 243

1. Nous _____ la balle très loin.
   - **A** lansons
   - **B** lancons
   - **C** lançons

2. Vous apportez votre _____ à la plage ?
   - **A** glacière
   - **B** glassière
   - **C** glaçière

3. Avez-vous _____ cet oiseau qui passait ?
   - **A** apercu
   - **B** aperçu
   - **C** apersu

4. Son professeur aura un _____ à la rentrée.
   - **A** remplaçant
   - **B** remplacant
   - **C** remplasant

5. Vous _____ les jambes trop souvent.
   - **A** balanciez
   - **B** balansiez
   - **C** balançiez

6. Ils ont fait appel à un _____ pour les travaux.
   - **A** masson
   - **B** macon
   - **C** maçon

7. Ce fruit est trop _____ pour moi.
   - **A** asside
   - **B** acide
   - **C** açide

8. Je mange souvent des _____ en été.
   - **A** glaçes
   - **B** glasses
   - **C** glaces

9. Il était très _____ de ne pas la voir à sa fête.
   - **A** déçu
   - **B** dessu
   - **C** décu

10. Vous allez _____ un colis dans la journée.
    - **A** recevoir
    - **B** reçevoir
    - **C** ressevoir

**Astuce** On ajoute une cédille au « c » pour changer le son [k] en [s]. <u>Exemples</u> : *perçant*, *glaçon*, *reçu*. La lettre « c » suivie des voyelles « e », « i » et « y » se prononce [s]. <u>Exemples</u> : *cerise*, *cire*, *cycle*.

VOTRE SCORE :

# Module 2
## LES BASES

**Focus** La lettre G

*Comment se prononce la lettre G dans les mots suivants ?*

*Corrigé page 243*

1. **g**ourde
   - **A** [g]
   - **B** [j]

2. **g**iratoire
   - **A** [g]
   - **B** [j]

3. réfri**g**érateur
   - **A** [g]
   - **B** [j]

4. ba**g**uette
   - **A** [g]
   - **B** [j]

*Choisir les bonnes lettres dans les mots suivants :*

1. une __enon
   - **A** gu
   - **B** ge
   - **C** g

2. une a__rafe
   - **A** gu
   - **B** ge
   - **C** g

3. nous échan__ons
   - **A** gu
   - **B** ge
   - **C** g

4. la na__oire
   - **A** gu
   - **B** ge
   - **C** g

5. une ba__arre
   - **A** gu
   - **B** ge
   - **C** g

**Astuce** La lettre « g » suivie des voyelles « a », « o » et « u » ou d'une consonne se prononce [g].
*Exemples : gare, gomme, légume, glisser, grand.* On ajoute un « e » pour changer le son [g] en [j].
*Exemples : échangeable, mangeons, gageure.*

# Module 2
## LES BASES

*Choisir la bonne orthographe pour les mots suivants :*

**Corrigé page 243**

1. Je suis montée dans une _____ à Venise.
   - A guondole
   - B geondole
   - C gondole

2. Avez-vous suivi un _____ en voyage ?
   - A gide
   - B guide
   - C geide

3. Pensez à éteindre la _____ en sortant.
   - A bougie
   - B bougeie
   - C bouguie

4. Cet enfant est _____, il bouge en permanence.
   - A infatiguable
   - B infatigeable
   - C infatigable

5. Leur _____ sera célébré en août.
   - A mariague
   - B mariage
   - C mariaje

6. Veuillez vous adresser aux personnes au _____.
   - A geichet
   - B gichet
   - C guichet

7. Les animaux se dirigent vers la _____.
   - A mangeoire
   - B mangoire
   - C manguoire

8. Est-ce que tu es venu _____ à sa fête ?
   - A dégisé
   - B déguisé
   - C dégeisé

9. Nous _____ nos devoirs de vacances.
   - A corriguons
   - B corrigeons
   - C corrigons

10. Ce ballon _____ survole Paris.
    - A diriguable
    - B dirigable
    - C dirigeable

---

**Astuce** La lettre « g » suivie des voyelles « e », « i » et « y » se prononce [j].
<u>Exemples</u> : *genou, girafe, gymnase*. On ajoute un « u » pour changer le son [j] en [g].
<u>Exemples</u> : *bague, guirlande, Guy*.

VOTRE SCORE :

## Module 3
### LES BASES

**Focus** La lettre S

*Corrigé page 243*

*Comment se prononce la lettre S dans les mots suivants ?*

1. ca**s**erne
   - **A** [s]
   - **B** [z]

2. e**s**poir
   - **A** [s]
   - **B** [z]

3. vi**s**ualiser
   - **A** [s]
   - **B** [z]

4. a**s**ticot
   - **A** [s]
   - **B** [z]

*Choisir entre S et SS pour compléter les mots suivants :*

1. Une ba__ine
   - **A** s
   - **B** ss

2. Une per__onnalité
   - **A** s
   - **B** ss

3. La p__ychologie
   - **A** s
   - **B** ss

4. Une gli__ade
   - **A** s
   - **B** ss

5. Une plai__anterie
   - **A** s
   - **B** ss

**Astuce** La lettre « s » se prononce [s] en début de mot, après ou avant une consonne ou si elle est doublée (entre deux voyelles). <u>Exemples</u> : *salle*, *aspirer*, *blessure*.

**Module 3**
**LES BASES**

*Choisir la bonne orthographe pour les mots suivants :*

**Corrigé page 243**

1. Il n'y avait presque _____ au cinéma.
   - **A** personne
   - **B** perçonne
   - **C** perssonne

2. J'ai déposé les fleurs dans la _____ hier.
   - **A** cuizine
   - **B** cuissine
   - **C** cuisine

3. Ma _____ préférée est l'automne.
   - **A** saison
   - **B** saizon
   - **C** saisson

4. Nous avons versé le thé dans sa _____.
   - **A** tase
   - **B** tace
   - **C** tasse

5. Le _____ est une langue complexe.
   - **A** russe
   - **B** ruce
   - **C** ruse

6. Les élèves peuvent laisser leurs livres dans leur _____.
   - **A** cazier
   - **B** casier
   - **C** cassier

7. Je préfère le _____ vert au noir.
   - **A** raissin
   - **B** raisin
   - **C** raizin

8. Elle a fait sa _____ toute seule.
   - **A** valise
   - **B** valize
   - **C** valisse

9. Le chameau a deux _____.
   - **A** boces
   - **B** boses
   - **C** bosses

10. Ce matelas en _____ n'est pas très confortable.
    - **A** mousse
    - **B** mouse
    - **C** mouce

**Astuce** La lettre « s » se prononce [z] entre deux voyelles. <u>Exemples</u> : *bise*, *vase*, *rose*.

# Module 4
## LES BASES

**Focus** Les accents sur le E

*Corrigé page 243*

*Comment se prononce la lettre E dans les mots suivants ?*

1. app**e**ler
   - **A** [e]
   - **B** [é]
   - **C** [è]

2. c**e**tte
   - **A** [e]
   - **B** [é]
   - **C** [è]

3. const**e**llation
   - **A** [e]
   - **B** [é]
   - **C** [è]

4. pr**e**sque
   - **A** [e]
   - **B** [é]
   - **C** [è]

5. v**e**ste
   - **A** [e]
   - **B** [é]
   - **C** [è]

6. adr**e**sser
   - **A** [e]
   - **B** [é]
   - **C** [è]

7. adr**e**sse
   - **A** [e]
   - **B** [é]
   - **C** [è]

8. j**e**ter
   - **A** [e]
   - **B** [é]
   - **C** [è]

9. t**e**nue
   - **A** [e]
   - **B** [é]
   - **C** [è]

10. pr**e**sser
    - **A** [e]
    - **B** [é]
    - **C** [è]

**Astuce** La lettre « e » se prononce en général [é] ou [è] devant un groupe de deux consonnes ou devant la lettre « x » et ne porte jamais d'accent.
Exemples : *il appelle, espoir, exercice, terre.*

**Module 4**
LES BASES

*Choisir la lettre manquante pour les mots suivants :*

**Corrigé page 243**

1. Nous app__lons
   - **A** e
   - **B** é

2. Je j__tte
   - **A** e
   - **B** é

3. L'__criture
   - **A** e
   - **B** é

4. Une av__rse
   - **A** e
   - **B** é

5. S'__chapper
   - **A** e
   - **B** é

6. Un v__rre
   - **A** e
   - **B** é

7. Une adr__sse
   - **A** e
   - **B** é

8. Un d__placement
   - **A** e
   - **B** é

9. Une fourch__tte
   - **A** e
   - **B** é

10. L'__space
    - **A** e
    - **B** é

**Astuce** Lorsque deux consonnes différentes se suivent et que la 2e consonne est un « l », un « r » ou un « h », la lettre « e » qui les précède porte un accent.
<u>Exemples</u> : *éclat, étroit, échelle, éléphant.*

## Module 5
## LES BASES

**Focus** La lettre H

*Peut-on faire une liaison entre les deux mots suivants ?*

**Corrigé page 243**

1. les histoires
   - **A** oui
   - **B** non

2. les huttes
   - **A** oui
   - **B** non

3. des hêtres
   - **A** oui
   - **B** non

4. les héros
   - **A** oui
   - **B** non

5. les honneurs
   - **A** oui
   - **B** non

6. ses harpes
   - **A** oui
   - **B** non

7. les hôpitaux
   - **A** oui
   - **B** non

8. les hiboux
   - **A** oui
   - **B** non

9. les hublots
   - **A** oui
   - **B** non

10. les horloges
    - **A** oui
    - **B** non

**Astuce** La lettre « h » au début de certains mots est dite « aspirée » : on ne peut pas faire de liaison avec le mot qui précède et les déterminants qui précèdent ce « h » restent entiers.
<u>Exemples</u> : *le haricot, la honte, le hibou*.

**Module 5**
**LES BASES**

*Choisir le bon article devant les noms suivants*

1. ___ habit
   - A le
   - B la
   - C l'

2. ___ hérisson
   - A le
   - B la
   - C l'

3. ___ habitude
   - A le
   - B la
   - C l'

4. ___ heure
   - A le
   - B la
   - C l'

5. ___ hache
   - A le
   - B la
   - C l'

6. ___ honneur
   - A le
   - B la
   - C l'

7. ___ houx
   - A le
   - B la
   - C l'

8. ___ hôpital
   - A le
   - B la
   - C l'

9. ___ handicap
   - A le
   - B la
   - C l'

10. ___ hutte
    - A le
    - B la
    - C l'

**Corrigé page 243**

**Astuce** La lettre « h » au début de certains mots est dite « muette » : la liaison est possible et les déterminants qui précèdent sont élidés, comme devant un mot qui commence par une voyelle.
<u>Exemples</u> : *l'habit, l'hibernation, l'héroïne, l'hôtel.*

# Module 6
## LES BASES

**Focus** Les préfixes et les suffixes

*Corrigé page 244*

*Les éléments suivants sont-ils des préfixes ou des suffixes ?*

1. pré
   - **A** préfixe
   - **B** suffixe

2. able
   - **A** préfixe
   - **B** suffixe

3. esse
   - **A** préfixe
   - **B** suffixe

4. sur
   - **A** préfixe
   - **B** suffixe

5. co
   - **A** préfixe
   - **B** suffixe

6. re
   - **A** préfixe
   - **B** suffixe

7. ible
   - **A** préfixe
   - **B** suffixe

8. ette
   - **A** préfixe
   - **B** suffixe

9. dé
   - **A** préfixe
   - **B** suffixe

10. if
    - **A** préfixe
    - **B** suffixe

**Astuce** Un **préfixe** est un élément du mot qui précède son radical (sa racine) pour former un dérivé. Exemples : ***im**poli*, ***dés**obéir*, ***extra**ordinaire*.

# Module 6
## LES BASES

*Choisir un préfixe ou un suffixe aux mots suivants :*

**Corrigé page 244**

1. Ce tableau a été ___évalué.
   - A sur
   - B dés
   - C co

2. Vous voulez ___tenir vos amis.
   - A sur
   - B sou
   - C pré

3. Nous allons ___venir les invités.
   - A dé
   - B ex
   - C pré

4. Ce tissu est ___colore.
   - A dé
   - B multi
   - C re

5. Cette pièce est ___croyable !
   - A sous
   - B in
   - C sur

6. Ce champignon n'est pas comest___.
   - A able
   - B if
   - C ible

7. La propre___ est très importante dans les cuisines.
   - A tion
   - B té
   - C ment

8. Quelle gentill___, c'est bien agréable !
   - A esse
   - B eté
   - C ette

9. L'opéra____ n'a pas duré trop longtemps.
   - A toire
   - B tion
   - C tif

10. Cet enfant n'est pas raisonn___, il nous épuise.
    - A ible
    - B able
    - C ant

**Astuce** Un **suffixe** est un élément qui se place à la fin du mot, après le radical (la racine) pour former un dérivé. <u>Exemples</u> : *gent**iment**, dent**iste**, fourch**ette***.

VOTRE SCORE :

# Module 7
## LES BASES

**Focus** Les synonymes et les contraires

*Compléter les phrases suivantes :*

1. Le mot « content » est le _____ de « ravi ».
   - **A** contraire
   - **B** synonyme

2. Le mot « sombre » est le _____ de « lumineux ».
   - **A** contraire
   - **B** synonyme

3. Le mot « bête » est le _____ de « malin ».
   - **A** contraire
   - **B** synonyme

4. Le mot « vite » est le _____ de « rapidement ».
   - **A** contraire
   - **B** synonyme

5. Le mot « bruyant » est le _____ de « silencieux ».
   - **A** contraire
   - **B** synonyme

6. Le mot « joli » est le _____ de « mignon ».
   - **A** contraire
   - **B** synonyme

7. Le mot « intelligent » est le _____ de « rusé ».
   - **A** contraire
   - **B** synonyme

8. Le mot « riche » est le _____ de « pauvre ».
   - **A** contraire
   - **B** synonyme

9. Le mot « habit » est le _____ de « vêtement ».
   - **A** contraire
   - **B** synonyme

10. Le mot « peu » est le _____ de « beaucoup ».
    - **A** contraire
    - **B** synonyme

**Astuce** Des mots ou des expressions qui sont synonymes ont le même sens ou un sens proche.
Exemple : « magnifique » est le synonyme de « superbe ».

# Module 7
## LES BASES

*Choisir le synonyme des mots soulignés :*

1. Nous sommes allées ensemble dans <u>cette boutique</u>.
   - **A** cette entreprise
   - **B** ce magasin
   - **C** cet atelier

2. <u>Ce cadeau</u> m'a beaucoup plu.
   - **A** Cet achat
   - **B** Cet objet
   - **C** Ce présent

3. La <u>gentillesse</u> de cette femme est immense.
   - **A** beauté
   - **B** bonté
   - **C** générosité

4. Nous avons fait des découvertes <u>incroyables</u>.
   - **A** rares
   - **B** surprenantes
   - **C** bizarres

5. Ce garçon est toujours <u>sérieux</u> en classe.
   - **A** intelligent
   - **B** distrait
   - **C** réfléchi

*Choisir le contraire des mots soulignés :*

1. J'ai remarqué que mon copain était <u>peureux</u>.
   - **A** courageux
   - **B** drôle
   - **C** gentil

2. Ma sœur a beaucoup <u>de qualités</u>.
   - **A** d'idées
   - **B** d'esprit
   - **C** de défauts

3. Cette photo est très <u>floue</u>.
   - **A** lisse
   - **B** nette
   - **C** sombre

4. Les règles de ce jeu sont très <u>faciles</u> à comprendre.
   - **A** difficiles
   - **B** claires
   - **C** simples

5. Notre frère est <u>triste</u> en ce moment.
   - **A** malheureux
   - **B** difficile
   - **C** joyeux

> **Astuce** Des mots ou des expressions qui sont contraires ont des sens très différents, opposés.
> <u>Exemple</u> : « mauvais » est le contraire de « bon ».

# Module 8
## LES BASES

**Focus** **Les noms communs**

*Corrigé page 244*

*Les mots soulignés sont-ils des noms communs ?*

1. Juliette est entrée dans la chambre.
   - **A** oui
   - **B** non

2. Nous avons attrapé un rhume là-bas.
   - **A** oui
   - **B** non

3. Ils ont abattu le rosier qui était devant la maison.
   - **A** oui
   - **B** non

4. Nous allons le déposer à la piscine après l'école.
   - **A** oui
   - **B** non

5. Il est le meilleur joueur de son équipe.
   - **A** oui
   - **B** non

*Compléter les phrases avec un nom commun :*

1. Allons chercher les _____ demain.
   - **A** Fleurot
   - **B** voisins
   - **C** siens

2. Je voudrais la _____ si possible.
   - **A** connaître
   - **B** même
   - **C** permission

3. Vous souhaitez le _____, n'est-ce pas ?
   - **A** programme
   - **B** croire
   - **C** petit

4. Nous croyons les _____, pas vous ?
   - **A** Dupont
   - **B** entendre
   - **C** informations

**Astuce** Les noms communs sont comme des étiquettes sur les objets, les personnes, les animaux, les éléments naturels, les sentiments, les qualités, etc. <u>Exemples</u> : *robe, sœur, serpent, fraise, colère.*

# Module 8
## LES BASES

*Trouver le nom commun de la même famille que les mots suivants :*

**Corrigé page 244**

1. bon
   - **A** bonté
   - **B** rebond
   - **C** abonné

2. ami
   - **A** aimer
   - **B** amical
   - **C** amitié

3. doux
   - **A** adoucir
   - **B** douceur
   - **C** doucement

4. vocal
   - **A** vocabulaire
   - **B** voir
   - **C** voix

5. lent
   - **A** lentement
   - **B** ralentir
   - **C** lenteur

6. heureux
   - **A** heureusement
   - **B** malheureux
   - **C** bonheur

7. froid
   - **A** froideur
   - **B** refroidir
   - **C** froidement

8. jouer
   - **A** jeu
   - **B** joyeux
   - **C** déjouer

9. incroyable
   - **A** croire
   - **B** croyance
   - **C** croix

10. chanceux
    - **A** malchanceux
    - **B** chance
    - **C** chanson

**Astuce** Les noms communs sont la plupart du temps précédés d'un déterminant (le, la, les, des, mon, ta, ses, ce, cette, quel, quelle, quels...). <u>Exemples</u> : *une robe, ma sœur, ce serpent, trois fraises, quelle colère.*

VOTRE SCORE :

# Module 9
## LES BASES

**Corrigé page 244**

### Focus — Les noms propres

*Les mots soulignés dans les phrases suivantes sont-ils des noms propres ?*

1. Je vais souvent visiter le musée du <u>Louvre</u>.
   - A oui
   - B non

2. Mes amis sont partis en vacances à la <u>mer</u>.
   - A oui
   - B non

3. Les <u>Martin</u> sont nos voisins depuis deux ans.
   - A oui
   - B non

4. Elle a chanté des airs de <u>Mozart</u> à son dernier concert.
   - A oui
   - B non

*Les mots soulignés dans les phrases suivantes sont-ils corrects ?*

1. Nous irons en <u>espagne</u> l'été prochain.
   - A correct
   - B incorrect

2. Vous serez en famille là-bas à <u>Noël</u>.
   - A correct
   - B incorrect

3. Son meilleur copain s'appelle <u>kevin</u>.
   - A correct
   - B incorrect

4. Le 11 août, nous fêtons les <u>Claras</u>.
   - A correct
   - B incorrect

5. Pablo <u>Picasso</u> est mon peintre préféré.
   - A correct
   - B incorrect

**Astuce** Les noms propres sont les noms qui appartiennent à une personne (prénom, nom de famille) ou à une chose (un lieu, une marque, une fête). <u>Exemples</u> : *Londres, Pablo, Asie, Adidas, Pâques.*

**Module 9**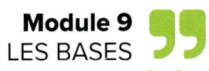
LES BASES

*Compléter les phrases suivantes :*

**Corrigé page 244**

1. Il y a trois _____ dans sa classe.
   - **A** marie
   - **B** Marie
   - **C** Maries

2. Lucas vit au _____ depuis un an.
   - **A** Japon
   - **B** japon
   - **C** Japons

3. Les _____ sont des voitures françaises.
   - **A** Peugeots
   - **B** Peugeot
   - **C** peugeot

4. Mes parents vont m'emmener à _____.
   - **A** disneyland
   - **B** Disneyland
   - **C** disneylands

5. Les touristes aiment beaucoup la tour _____.
   - **A** Eiffel
   - **B** eiffel
   - **C** eiffels

6. Les _____ sont enneigées depuis dix jours.
   - **A** alpes
   - **B** Alpe
   - **C** Alpes

7. Ses parents ont traversé six pays d'_____.
   - **A** europes
   - **B** Europe
   - **C** Europes

8. Monsieur et Madame _____ sont venus hier.
   - **A** Olivier
   - **B** oliviers
   - **C** olivier

9. Nous n'habitons plus avenue du _____.
   - **A** maines
   - **B** maine
   - **C** Maine

10. _____ est l'une des plus grandes villes de France.
    - **A** Marseille
    - **B** marseilles
    - **C** marseille

**Astuce** Les noms propres commencent par une majuscule et ils sont invariables.
<u>Exemples</u> : *les Duval, plusieurs Jeanne.*

# Module 10
## LES BASES

**Focus** Les déterminants

*Corrigé page 244*

*Les mots soulignés dans les phrases suivantes sont-ils des déterminants ?*

1. Il part aujourd'hui <u>et</u> il reviendra demain.
   - **A** oui
   - **B** non

2. <u>Ce</u> soir, nous allons prendre le train.
   - **A** oui
   - **B** non

3. <u>Tes</u> affaires sont bien rangées.
   - **A** oui
   - **B** non

4. Tu viendras <u>en</u> avion la prochaine fois.
   - **A** oui
   - **B** non

5. Je te prête ma valise, tu me <u>la</u> rendras ?
   - **A** oui
   - **B** non

6. <u>Quelques</u> oiseaux se sont posés sur le balcon.
   - **A** oui
   - **B** non

7. Il revient <u>chaque</u> année, il aime cet endroit.
   - **A** oui
   - **B** non

8. Je pense que nous sommes venus pour rien, <u>c'</u>est fermé.
   - **A** oui
   - **B** non

9. Nous passerons <u>cet</u> après-midi après l'entraînement.
   - **A** oui
   - **B** non

10. À <u>quelle</u> heure arrive-t-elle jeudi ?
    - **A** oui
    - **B** non

**Astuce** Les déterminants sont des mots qui accompagnent des noms. Ils renseignent sur le genre et le nombre *(voir module 11)*. <u>Exemples</u> : ***un*** *ami,* ***ce*** *parc,* ***quelle*** *journée.*

**Module 10**
**LES BASES**

*De quelle catégorie sont les déterminants soulignés ?*

Corrigé page 244

1. Il va retrouver <u>ses</u> élèves à la rentrée.
   - **A** article
   - **B** possessif
   - **C** démonstratif

2. Nous avons commandé <u>cinq</u> livres ce matin.
   - **A** numéral
   - **B** possessif
   - **C** article

3. Julie n'a pas encore lu <u>ce</u> livre-là.
   - **A** possessif
   - **B** démonstratif
   - **C** numéral

4. <u>Les</u> vacances vont arriver vite.
   - **A** article
   - **B** possessif
   - **C** démonstratif

5. Depuis que <u>mes</u> amis habitent ici, je les vois tous les jours.
   - **A** numéral
   - **B** possessif
   - **C** article

6. Voici les <u>vingt</u> euros que je te dois.
   - **A** possessif
   - **B** démonstratif
   - **C** numéral

7. <u>Cette</u> fille est très forte aux échecs, elle me bat souvent.
   - **A** article
   - **B** possessif
   - **C** démonstratif

8. Louise n'a pas retrouvé <u>la</u> pelote de laine.
   - **A** numéral
   - **B** possessif
   - **C** article

9. <u>Leur</u> père est le maire du village.
   - **A** possessif
   - **B** démonstratif
   - **C** numéral

10. Ils ont invité <u>trente</u> personnes à leur fête.
    - **A** possessif
    - **B** démonstratif
    - **C** numéral

**Astuce** Il existe 7 catégories de déterminants dont : les articles *(le, la, des)* ; les possessifs *(mon, sa, notre)* ; les démonstratifs *(ce, cette, ces)* ; les numéraux *(trois, mille, cinquante)*.

## Module 11
## LES BASES

**Focus** Le genre et le nombre

*Quel est le genre des noms suivants ?*

**Corrigé page 245**

1. habit
   - A féminin
   - B masculin
   - C épicène

2. personne
   - A féminin
   - B masculin
   - C épicène

3. enfant
   - A féminin
   - B masculin
   - C épicène

4. dentiste
   - A féminin
   - B masculin
   - C épicène

5. marteau
   - A féminin
   - B masculin
   - C épicène

6. beauté
   - A féminin
   - B masculin
   - C épicène

7. souris
   - A féminin
   - B masculin
   - C épicène

8. nez
   - A féminin
   - B masculin
   - C épicène

9. adulte
   - A féminin
   - B masculin
   - C épicène

**Astuce** Chaque nom commun a un genre : **masculin** ou **féminin**. Le genre du nom est indiqué dans le dictionnaire (n.m. pour nom masculin ; n.f. pour nom féminin). Lorsque le genre n'est pas indiqué (n.), cela signifie que le nom est **épicène** (le genre est donné par le contexte et le déterminant). Exemples : *un homme (n.m.) ; une femme (n.f.) ; un/une élève (n.).*

## Module 11
### LES BASES

*Donner le nombre (singulier ou pluriel) des noms soulignés :*

Corrigé page 245

1. Nous n'avons pas assez de farine pour cuisiner.
   - A singulier
   - B pluriel

2. Il a invité beaucoup d'amis à sa fête.
   - A singulier
   - B pluriel

3. Certains élèves sont allés au musée avec leur classe.
   - A singulier
   - B pluriel

4. Leur chaton est très mignon, il court vite.
   - A singulier
   - B pluriel

5. Mon professeur d'anglais a vécu à Londres.
   - A singulier
   - B pluriel

6. Il a fait plusieurs erreurs de calcul.
   - A singulier
   - B pluriel

7. Combien de personnes vas-tu rencontrer ?
   - A singulier
   - B pluriel

8. J'ai acheté un paquet de biscuits au chocolat, tes préférés.
   - A singulier
   - B pluriel

9. Chaque livre a été rendu à la bibliothécaire.
   - A singulier
   - B pluriel

10. Nous avons apporté quelques partitions pour lui.
    - A singulier
    - B pluriel

**Astuce** Le nom est au singulier s'il y a une seule unité d'une même chose (on peut faire précéder le nom de « du/de la » ou de « un/une »). S'il y a au moins deux unités de la même chose, le nom est au pluriel (on peut faire précéder le nom de « plusieurs »). La grande majorité des noms font leur pluriel en « s ». Exemple : *Un enfant > des enfants*.

VOTRE SCORE :

# Module 12
## LES BASES

**Focus** **L'accord nom-déterminant**

*Corrigé page 245*

*Les noms et les déterminants suivants sont-ils bien accordés ?*

1. quelle histoire
   - A oui
   - B non

2. cet idée
   - A oui
   - B non

3. leur chevaux
   - A oui
   - B non

4. leurs journal
   - A oui
   - B non

5. ces temps
   - A oui
   - B non

6. chaque jours
   - A oui
   - B non

7. ton étoile
   - A oui
   - B non

8. aucune fleur
   - A oui
   - B non

9. quels valises
   - A oui
   - B non

**Astuce** Le déterminant démonstratif « **cet** » accompagne un nom masculin commençant par une voyelle. Exemple : ***cet*** *homme*. Le déterminant possessif « **mon** » peut accompagner un nom féminin commençant par une voyelle. Exemple : ***mon*** *école*. Le déterminant possessif « **leur** » accompagne un nom au singulier. Exemple : ***leur*** *animal*.

# Module 12
## LES BASES

*Choisir un déterminant qui s'accorde avec le nom dans les phrases :*

**Corrigé page 245**

1. Nous allons visiter _____ maison demain.
   - **A** leur
   - **B** leurs
   - **C** cet

2. Il a rencontré _____ copains dans la cour.
   - **A** quelques
   - **B** son
   - **C** quelque

3. J'ai lu cinq livres _____ été sur la plage.
   - **A** ces
   - **B** cette
   - **C** cet

4. As-tu vu _____ enveloppe sur ton bureau ?
   - **A** ma
   - **B** mon
   - **C** trois

5. Vous n'avez trouvé _____ empreinte sur le chemin.
   - **A** aucun
   - **B** aucune
   - **C** chaque

6. _____ jour sommes-nous ?
   - **A** Quels
   - **B** Quelles
   - **C** Quel

7. Nous avons choisi _____ couleurs-là.
   - **A** ces
   - **B** ses
   - **C** cette

8. J'aimerais rencontrer _____ meilleures amies.
   - **A** sa
   - **B** ses
   - **C** son

9. Il a écouté _____ chanson attentivement.
   - **A** chaque
   - **B** les
   - **C** plusieurs

10. Les élèves ont rapporté _____ livres.
    - **A** leurs
    - **B** leur
    - **C** son

**Astuce** Les déterminants sont des mots qui accompagnent des noms. Ils renseignent sur le **genre** et le **nombre** *(voir module 11)*. Les deux s'accordent donc en genre et en nombre.
Exemples : ***un** ami*, ***ce** parc*, ***quelle** journée*, ***chaque** jour*.

# Module 13
## LES BASES

**Focus** Les pluriels irréguliers (1) (-al)

*Les noms au pluriel sont-ils corrects ?*

Corrigé page 245

1. des animaux
   - **A** oui
   - **B** non

2. des festivaux
   - **A** oui
   - **B** non

3. des journals
   - **A** oui
   - **B** non

4. des générals
   - **A** oui
   - **B** non

5. des carnavals
   - **A** oui
   - **B** non

6. des bocaux
   - **A** oui
   - **B** non

7. des bals
   - **A** oui
   - **B** non

8. des signals
   - **A** oui
   - **B** non

9. des chacaux
   - **A** oui
   - **B** non

10. des chevaux
    - **A** oui
    - **B** non

**Règle générale** Les noms masculins qui se terminent par **-al** font leur pluriel en **-aux**.
Exemples : *un journal > des journaux.*

**Module 13**
**LES BASES**

*Choisir le pluriel correct des noms suivants :*

**Corrigé page 245**

1. Il a acheté des _____ dans cette boutique.
   - A cristaux
   - B cristals

2. Nous avons participé à deux _____ cet été.
   - A festivaux
   - B festivals

3. Les _____ sont parcourus par des bateaux.
   - A canaux
   - B canals

4. Ils ont extrait des _____ de ces mines.
   - A métaux
   - B métals

5. Vous l'avez entendu dans plusieurs _____.
   - A récitaux
   - B récitals

6. Les _____ sont des mammifères carnivores.
   - A chacaux
   - B chacals

7. Les gens du village organisaient souvent des _____.
   - A baux
   - B bals

8. L'aspirine soigne les _____ de tête.
   - A maux
   - B mals

9. Dans les _____, les gens portent des costumes.
   - A carnavaux
   - B carnavals

10. On peut voir de loin les _____ de fumée.
    - A signaux
    - B signals

**Astuce** Certains noms en **-al** font leur pluriel en **-als**, comme : *des bals, des carnavals, des cérémonials, des chacals, des festivals, des récitals et des régals.*

VOTRE SCORE :

## Module 14
## LES BASES

**Focus** Les pluriels irréguliers (2) (-au, -eau, -eu)

*Les noms au pluriel sont-ils corrects ?*

**Corrigé page 245**

1. des cadeaux
   - A oui
   - B non

2. des rideaus
   - A oui
   - B non

3. des pneus
   - A oui
   - B non

4. des bleus
   - A oui
   - B non

5. des vœux
   - A oui
   - B non

6. des râteaux
   - A oui
   - B non

7. des adieux
   - A oui
   - B non

8. des jeus
   - A oui
   - B non

9. des taureaux
   - A oui
   - B non

10. des châteaux
    - A oui
    - B non

**Règle générale** Les noms qui se terminent par **-au**, **-eau** et **-eu** font leur pluriel en **-x**.
*Exemples : un étau > des étaux ; un bateau > des bateaux ; un feu > des feux.*

# Module 14
## LES BASES

*Choisir le pluriel correct des noms suivants :*

**Corrigé page 245**

1. Il est tombé de vélo, il avait des _____ partout.
   - A bleux
   - B bleus

2. Dans ce restaurant, ils proposent souvent des _____.
   - A lieux
   - B lieus

3. Elles ont préparé des _____ au chocolat.
   - A gâteaux
   - B gâteaus

4. Le garagiste a dû changer les deux _____.
   - A pneux
   - B pneus

5. Avez-vous pris vos _____ pour sortir ?
   - A manteaux
   - B manteaus

6. Ces _____ chantent sous mes fenêtres.
   - A oiseaus
   - B oiseaux

7. Nous vendons des _____ de toutes les tailles.
   - A landaux
   - B landaus

8. Le peintre range ses _____ dans son atelier.
   - A pinceaux
   - B pinceaus

9. J'ai accroché mes _____ au mur.
   - A tableaux
   - B tableaus

10. Ces visiteurs ont quitté les _____ très vite.
    - A lieux
    - B lieus

---

**Astuce** Certains noms en **-au** font leur pluriel en **-aus** comme : *des landaus*. Certains noms en **-eu** font leur pluriel en **-eus** comme : *des pneus, des bleus, des lieus (poissons)*.

# Module 15
## LES BASES

**Focus** Les pluriels irréguliers (3) (-ail)

*Les noms au pluriel sont-ils corrects ?*

Corrigé page 245

1. des bétails
   - A oui
   - B non

2. des rails
   - A oui
   - B non

3. des soupirails
   - A oui
   - B non

4. des vitrails
   - A oui
   - B non

5. des épouvantaux
   - A oui
   - B non

6. des coraux
   - A oui
   - B non

7. des travaux
   - A oui
   - B non

8. des portaux
   - A oui
   - B non

9. des détails
   - A oui
   - B non

10. des gouvernaux
    - A oui
    - B non

**Règle générale** Les noms qui se terminent par **-ail** font leur pluriel en **-ails**.
Exemples : *un éventail > des éventails*.

# Module 15
## LES BASES

*Choisir le pluriel correct des noms suivants :*

Corrigé page 245

1. Le train est resté sur ses _____.
   - **A** rails
   - **B** raux

2. Vous devez mettre des _____ dans le champ.
   - **A** épouvantails
   - **B** épouvantaux

3. Quels beaux _____ !
   - **A** vitrails
   - **B** vitraux

4. Nous devons donner quelques _____ en plus.
   - **A** détails
   - **B** détaux

5. Sous la mer, j'ai vu de nombreux _____.
   - **A** corails
   - **B** coraux

6. Ils ont fait beaucoup de _____ dans leur maison.
   - **A** travails
   - **B** travaux

7. J'ai offert des _____ à ma sœur.
   - **A** éventails
   - **B** éventaux

8. Elle a repeint les trois _____ de la rue.
   - **A** portails
   - **B** portaux

9. Ma grand-mère a tricoté des _____* bien chauds.
   - **A** chandails
   - **B** chandaux

10. Les _____ sont des ouvertures dans les sous-sols.
    - **A** soupirails
    - **B** soupiraux

**Astuce** Certains noms en **-ail** font leur pluriel en **-aux** comme : *des coraux ; des émaux ; des soupiraux ; des travaux ; des vitraux.*

*chandail : gros tricot de laine

VOTRE SCORE :

# Module 16
## LES BASES

**Focus** Les pluriels irréguliers (4) (-ou)

*Les noms au pluriel sont-ils corrects ?*

*Corrigé page 245*

1. des bamboux
   - A oui
   - B non

2. des bisous
   - A oui
   - B non

3. des chouchous
   - A oui
   - B non

4. des troux
   - A oui
   - B non

5. des bijoux
   - A oui
   - B non

6. des clous
   - A oui
   - B non

7. des chous
   - A oui
   - B non

8. des doudoux
   - A oui
   - B non

9. des hiboux
   - A oui
   - B non

10. des verroux
    - A oui
    - B non

**Règle générale** Les noms qui se terminent par **-ou** font leur pluriel en **-ous**.
Exemple : *un clou > des clous*.

**Module 16**
**LES BASES**

*Choisir le pluriel correct des noms suivants :*

Corrigé page 245

1. La nuit dernière, nous avons entendu des _____.
   - **A** hibous
   - **B** hiboux

2. On trouve des _____ en Australie.
   - **A** kangourous
   - **B** kangouroux

3. Les _____ sont les habitants de la Papouasie.
   - **A** Papous
   - **B** Papoux

4. Je suis tombé et me suis fait mal aux _____.
   - **A** genous
   - **B** genoux

5. Mon frère a souvent des _____ de mémoire.
   - **A** trous
   - **B** troux

6. Tu as commandé beaucoup de _____ à Noël.
   - **A** joujous
   - **B** joujoux

7. Elle a planté des _____ un peu n'importe où.
   - **A** clous
   - **B** cloux

8. Les mannequins qui défilent portent de beaux _____.
   - **A** bijous
   - **B** bijoux

9. Ma cousine fait des _____ au bébé.
   - **A** bisous
   - **B** bisoux

10. Vous aimez les _____ à la crème.
    - **A** chous
    - **B** choux

**Astuce** 7 noms en **-ou** font leur pluriel en **-oux** : *des bijoux ; des cailloux ; des choux ; des genoux ; des hiboux ; des joujoux ; des poux.*

VOTRE SCORE :

**Module 17**
LES BASES

**Focus** Les pluriels irréguliers (5) (-s ; -x ; -z)

*Les noms au pluriel sont-ils corrects ?*

Corrigé page 246

1. des nezs
   - A oui
   - B non

2. des riz
   - A oui
   - B non

3. des silex
   - A oui
   - B non

4. des gazs
   - A oui
   - B non

5. des pois
   - A oui
   - B non

6. des verres
   - A oui
   - B non

7. des croix
   - A oui
   - B non

8. des voixs
   - A oui
   - B non

9. des choix
   - A oui
   - B non

10. des noixs
    - A oui
    - B non

**Règle générale** La plupart des noms font leur pluriel en **-s**. <u>Exemples</u> : *un ami > des amis ; une framboise > des framboises.*

# Module 17
## LES BASES

*Choisir le pluriel correct des noms suivants :*

**Corrigé page 246**

1. Certains _____ sont très droits.
   - A nez
   - B nezs

2. Les _____ taillés servaient à fabriquer des outils.
   - A silex
   - B silexs

3. On entend des _____ graves derrière le mur.
   - A voix
   - B voixs

4. Il a adopté trois petites _____.
   - A souri
   - B souris

5. C'est un moteur à quatre _____.
   - A temp
   - B temps

6. Ce magasin vend des _____ variés.
   - A riz
   - B rizs

7. On a dessiné des _____ sur la carte.
   - A croix
   - B croixs

8. Vous avez répondu à plusieurs _____ cet été.
   - A quiz
   - B quizs

9. Certains _____ sont appelés « parfaits ».
   - A gaz
   - B gazs

10. Je trouve que les _____ sont corrects.
    - A prixs
    - B prix

---

**Astuce** Les noms qui se terminent par **-s**, **-x** ou **-z** sont **invariables**. <u>Exemples</u> : *un tas > des tas ; un prix > des prix ; un nez > des nez.*

## Module 18
## LES BASES

**Focus** Les adjectifs qualificatifs

*Les mots soulignés sont-ils des adjectifs ?*

**Corrigé page 246**

1. Nous avons trouvé un <u>petit</u> chat dans le garage.
   - **A** oui
   - **B** non

2. Sa sœur était très en <u>colère</u> hier matin.
   - **A** oui
   - **B** non

3. Le lapin <u>blanc</u> des voisins s'est échappé.
   - **A** oui
   - **B** non

4. Son collier est <u>vraiment</u> magnifique.
   - **A** oui
   - **B** non

5. Barbara est ma <u>meilleure</u> amie.
   - **A** oui
   - **B** non

*Compléter les phrases avec un adjectif qualificatif :*

1. Son cousin est _____.
   - **A** gentil
   - **B** parti
   - **C** venu

2. Ses _____ photos ont été prises ici.
   - **A** cent
   - **B** trente
   - **C** belles

3. Ils ne sont presque jamais _____.
   - **A** gardés
   - **B** venus
   - **C** calmes

4. Cette armoire est-elle _____ ?
   - **A** normande
   - **B** tombée
   - **C** agrandie

**Astuce** Un adjectif qualificatif est un mot qui décrit un nom. Il répond aux questions : « comment est-il ? », « comment est-elle ? », « comment sont-ils ? », « comment sont-elles ? »... <u>Exemples</u> : *bleu, joli, muet*.

**Module 18**
LES BASES

*Trouver l'adjectif de la même famille que les mots suivants :*

**Corrigé page 246**

1. agrandir
   - **A** grand
   - **B** grandeur
   - **C** agrandissement

2. longuement
   - **A** longueur
   - **B** long
   - **C** allonger

3. finement
   - **A** fin
   - **B** finesse
   - **C** affiner

4. abaisser
   - **A** rabais
   - **B** bas
   - **C** baisse

5. chaleur
   - **A** chaudement
   - **B** réchauffer
   - **C** chaud

6. vivacité
   - **A** vif
   - **B** vivement
   - **C** raviver

7. blancheur
   - **A** blanchir
   - **B** blanchisserie
   - **C** blanc

8. bonté
   - **A** bonnement
   - **B** bonheur
   - **C** bon

9. croire
   - **A** croyance
   - **B** incroyable
   - **C** incroyablement

10. largeur
    - **A** large
    - **B** largement
    - **C** élargir

**Astuce** Pour savoir par quelle lettre se termine un adjectif au masculin singulier, on peut s'aider de l'adjectif au féminin (en ajoutant un « **e** »). <u>Exemples</u> : *elle est grande > il est grand* ; *elle est grise > il est gri***s**.

# Module 19
## LES BASES

**Focus** L'accord nom-adjectif

*Les adjectifs suivants sont-ils correctement accordés ?*

Corrigé page 246

1. une <u>immense</u> pièce
   - **A** oui
   - **B** non

2. ce <u>belle</u> immeuble
   - **A** oui
   - **B** non

3. mes <u>meilleures</u> amis
   - **A** oui
   - **B** non

4. un élève <u>agile</u>
   - **A** oui
   - **B** non

5. quelques billes <u>bleus</u>
   - **A** oui
   - **B** non

6. un <u>bon</u> anniversaire
   - **A** oui
   - **B** non

7. de <u>bonnes</u> expériences
   - **A** oui
   - **B** non

8. aucun animal <u>peureux</u>
   - **A** oui
   - **B** non

9. quels <u>jolies</u> chalets
   - **A** oui
   - **B** non

**Règle générale** L'adjectif qualificatif s'accorde en genre et en nombre avec le nom qu'il décrit. On ajoute **-s** quand il qualifie un nom masculin pluriel. On ajoute **-e** quand il qualifie un nom féminin singulier. On ajoute **-es** quand il qualifie un nom féminin/pluriel.

# Module 19
## LES BASES

*Choisir un adjectif qui s'accorde au nom dans les phrases :*

**Corrigé page 246**

1. Nous avons pris quelques photos un peu _____.
   - A flous
   - B floue
   - C floues

2. La jalousie est son _____ défaut.
   - A principale
   - B principales
   - C principal

3. Les cinq chevaux _____ sont sortis.
   - A noir
   - B noires
   - C noirs

4. Vous avez obtenu des tarifs _____.
   - A spéciales
   - B spécials
   - C spéciaux

5. On dit que les diamants sont _____.
   - A éternels
   - B éternelles
   - C éternel

6. Ces _____ confitures ont été vendues.
   - A délicieuse
   - B délicieux
   - C délicieuses

7. Nous avons choisi des cadeaux très _____.
   - A personnel
   - B personnelles
   - C personnels

8. Les filles de la classe sont très _____.
   - A bavarde
   - B bavardes
   - C bavards

9. Personne ne doit fumer dans les lieux _____.
   - A publics
   - B publiques
   - C public

**Astuce** La plupart des adjectifs en **-al** font leur pluriel en **-aux**. <u>Exemple</u> : *original > originaux*. Certains adjectifs (dits « épicènes ») ont la même forme au masculin et au féminin. <u>Exemple</u> : *Il est **habile** > elle est **habile***. Certains adjectifs ont la même forme au singulier et au pluriel. <u>Exemple</u> : *Il est **heureux** > ils sont **heureux***.

VOTRE SCORE :

# Module 20
## LES BASES

**Focus** Le verbe et l'infinitif

*Corrigé page 246*

*Les mots soulignés sont-ils des verbes ?*

1. Vous <u>serez</u> là-bas pour les vacances.
   - **A** oui
   - **B** non

2. Il a préparé le <u>dîner</u> tout seul.
   - **A** oui
   - **B** non

3. L'<u>oranger</u> est sur la terrasse depuis cet été.
   - **A** oui
   - **B** non

4. Nous <u>allons</u> très souvent au cinéma.
   - **A** oui
   - **B** non

5. Ils <u>ont</u> beaucoup d'amis dans cette ville.
   - **A** oui
   - **B** non

*Compléter les phrases avec un verbe :*

1. Vous viendrez le _____ après la danse.
   - **A** mardi
   - **B** matin
   - **C** chercher

2. Nous voudrions la _____ demain.
   - **A** rencontrer
   - **B** même
   - **C** permission

3. Je voudrais bien le _____ aussi.
   - **A** sel
   - **B** faire
   - **C** premier

4. Est-ce que tu pars _____ ce soir ?
   - **A** danser
   - **B** tôt
   - **C** là-bas

**Astuce** Un verbe est un mot qui exprime une action, un sentiment ou un état. Il est la plupart du temps conjugué (il change de terminaison en fonction du sujet, du mode et du temps). Il peut aussi apparaître dans les phrases à l'infinitif (non conjugué).

# Module 20
## LES BASES

*Trouver le groupe des verbes suivants :*

**Corrigé page 246**

1. crier
   - **A** 1er groupe
   - **B** 2e groupe
   - **C** 3e groupe

2. grandir
   - **A** 1er groupe
   - **B** 2e groupe
   - **C** 3e groupe

3. venir
   - **A** 1er groupe
   - **B** 2e groupe
   - **C** 3e groupe

4. savoir
   - **A** 1er groupe
   - **B** 2e groupe
   - **C** 3e groupe

5. faire
   - **A** 1er groupe
   - **B** 2e groupe
   - **C** 3e groupe

6. jouer
   - **A** 1er groupe
   - **B** 2e groupe
   - **C** 3e groupe

7. aller
   - **A** 1er groupe
   - **B** 2e groupe
   - **C** 3e groupe

8. mettre
   - **A** 1er groupe
   - **B** 2e groupe
   - **C** 3e groupe

9. choisir
   - **A** 1er groupe
   - **B** 2e groupe
   - **C** 3e groupe

10. apprendre
    - **A** 1er groupe
    - **B** 2e groupe
    - **C** 3e groupe

**Astuce** L'infinitif des verbes est la forme du verbe qui n'a ni temps ni sujet. Les verbes sont divisés en 3 groupes en fonction de leur terminaison : **-er** > 1er groupe ; **-ir** et **-issent** à la 3e personne du pluriel > 2e groupe ; **-ir**, **-oir** et **-re** + *avoir*, *être* et *aller* > 3e groupe.

## Module 21
## LES BASES

### Focus  Le sujet

*Les mots soulignés sont-ils les sujets des verbes en gras ?*

*Corrigé page 246*

1. <u>Les parents de Lucie</u> **seront** là ce soir.
   - A oui
   - B non

2. Quels poèmes **lisent** <u>les élèves</u> ?
   - A oui
   - B non

3. J'**aimerais** chanter <u>dans un groupe</u>.
   - A oui
   - B non

4. <u>Rome</u> **est** la capitale de l'Italie.
   - A oui
   - B non

5. <u>Tous les soirs</u>, il l'**emmène** danser.
   - A oui
   - B non

6. <u>Ils</u> ne **sont** pas très obéissants ce matin.
   - A oui
   - B non

7. Pourquoi <u>me</u> **racontes**-tu cette histoire ?
   - A oui
   - B non

8. <u>Les personnes qui ont un billet</u> **peuvent** avancer.
   - A oui
   - B non

9. Rire avec <u>ses amis</u> **est** bon pour la santé.
   - A oui
   - B non

10. <u>Quelques petits cadeaux</u> **sont** posés sur la table.
    - A oui
    - B non

**Astuce** Le sujet est la personne ou la chose qui fait l'action ou dont on exprime l'état (verbe conjugué). Il peut être un mot ou un groupe composé de plusieurs mots.
Exemples : <u>Chaque personne inscrite</u> ***arrive***.

# Module 21
## LES BASES

*Par quel pronom peut-on remplacer les sujets soulignés ?*

**Corrigé page 246**

1. La fille des Durand **prend** des cours de danse depuis dix ans.
   - A Ils
   - B Elle
   - C Tu

2. Ce manteau en laine **est** vraiment très confortable.
   - A Elle
   - B Il
   - C Ils

3. Ma mère et moi **sommes arrivées** hier.
   - A Elles
   - B Vous
   - C Nous

4. Les enfants et toi **pourrez** vous baigner.
   - A Ils
   - B Vous
   - C Elles

5. Bien choisir ses amis **est** important.
   - A Cela
   - B Ils
   - C Nous

6. À quoi **pensent** les amies de ta cousine ?
   - A elle
   - B ils
   - C elles

7. C'est moi qui **déplace** la table à chaque fois.
   - A Je
   - B Toi
   - C Il

8. Que tu arrives tôt **est** obligatoire.
   - A Elle
   - B Tu
   - C Cela

9. C'est nous qui **prenons** les plus belles photos.
   - A Vous
   - B Nous
   - C Ils

10. Tous les jours se **ressemblent** ici.
    - A Cela
    - B Ils
    - C Elles

---

**Astuce** Un sujet peut être un nom propre *(Axelle chante)*, un groupe nominal *(la fille brune chante)*, un verbe à l'infinitif *(chanter lui plaît)*, un pronom *(elle chante ; viens-tu ?)* ou une proposition *(que tu sois là lui fait plaisir)*.

VOTRE SCORE :

# Module 22
## LES BASES

**Focus** Les pronoms

*Corrigé page 247*

*Les mots soulignés dans les phrases suivantes sont-ils des pronoms ?*

1. <u>Cette</u> fleuriste prépare de magnifiques bouquets.
   - A oui
   - B non

2. Est-ce que <u>tu</u> vas arriver à la gare du Nord ?
   - A oui
   - B non

3. <u>Tes</u> frères sont dans le même collège que moi.
   - A oui
   - B non

4. Si <u>nous</u> partons maintenant, nous pourrons les voir.
   - A oui
   - B non

5. Le <u>nôtre</u> croit avoir entendu un bruit dehors.
   - A oui
   - B non

6. <u>Cet</u> automne, vous ramasserez des champignons.
   - A oui
   - B non

7. Chaque soir, <u>elle</u> chante une berceuse à ses enfants.
   - A oui
   - B non

8. Quand tu arriveras, <u>ce</u> sera déjà fermé.
   - A oui
   - B non

9. Où est ton appareil ? Voici le <u>mien</u>.
   - A oui
   - B non

10. Prends <u>ce</u> pull, il est plus chaud.
    - A oui
    - B non

---

**Astuce** Les pronoms sont des mots qui remplacent des noms ou des groupes de mots. Ils peuvent avoir les mêmes fonctions que les noms (sujets ou compléments).
**Exemples** : *La fille joue > Elle joue ; Je veux cette robe > Je veux celle-ci.*

**Module 22**
**LES BASES**

*De quelle catégorie sont les pronoms soulignés ?*

Corrigé page 247

1. Je ne veux pas ce gâteau, je préfère <u>celui-là</u>.
   - **A** personnel
   - **B** possessif
   - **C** démonstratif

2. <u>Nous</u> apporterons ton goûter à la sortie.
   - **A** personnel
   - **B** possessif
   - **C** démonstratif

3. Prends ta console, je n'aurai pas la <u>mienne</u>.
   - **A** personnel
   - **B** possessif
   - **C** démonstratif

4. Tu peux venir tôt, <u>cela</u> ne me dérange pas.
   - **A** personnel
   - **B** possessif
   - **C** démonstratif

5. Pourras-<u>tu</u> écouter ce qu'on te dit ?
   - **A** personnel
   - **B** possessif
   - **C** démonstratif

6. Nous promenons notre chien, où est le <u>vôtre</u> ?
   - **A** personnel
   - **B** possessif
   - **C** démonstratif

7. <u>On</u> ne doit pas traverser sans regarder, c'est dangereux.
   - **A** personnel
   - **B** possessif
   - **C** démonstratif

8. <u>C'</u>est très gentil de votre part de passer nous voir.
   - **A** personnel
   - **B** possessif
   - **C** démonstratif

9. Que vont-<u>ils</u> faire à la campagne ?
   - **A** personnel
   - **B** possessif
   - **C** démonstratif

10. <u>Ceux</u> qui ont leur cahier rouge le sortent.
    - **A** personnel
    - **B** possessif
    - **C** démonstratif

**Astuce** Il existe 6 catégories de pronoms dont : les **personnels**, qui correspondent aux trois personnes, *(je, tu, il, on, nous...)* ; les **possessifs** *(le mien, le sien, les nôtres, le leur...)* ; les **démonstratifs** *(ceci, cela, ça, ce, c', celui, celle, ceux, celles).*

# Module 23
## LES BASES

**Focus** Le lien sujet-verbe

*Corrigé page 247*

*Les verbes soulignés sont-ils correctement conjugués ?*

1. Les voisins de ma sœur rentres ce soir.
   - **A** oui
   - **B** non

2. C'est toi qui vas chercher le pain ce matin.
   - **A** oui
   - **B** non

3. Ton ami et moi auront des billets pour le match.
   - **A** oui
   - **B** non

4. On ne sait jamais ce qu'il faut apporter.
   - **A** oui
   - **B** non

5. C'est moi qui connais mieux cette chanson que toi.
   - **A** oui
   - **B** non

6. Est-ce que je choisit le jeu ?
   - **A** oui
   - **B** non

7. Elle prends de mauvaises habitudes.
   - **A** oui
   - **B** non

8. Mes parents aiment beaucoup aller au théâtre.
   - **A** oui
   - **B** non

9. Pourras-tu m'apporter ton livre demain ?
   - **A** oui
   - **B** non

---

**Astuce** Le verbe se conjugue en fonction de son sujet (celui qui fait l'action) et du temps. Voici les terminaisons des verbes les plus courantes en fonction des personnes (à tous les temps) : **JE** > -ai, -s, -e ; **TU** > -s ; **IL/ELLE/ON** > -d, -a, -t, -e ; **NOUS** > -ons ; **VOUS** > -ez ; **ILS/ELLES** > -nt.

# Module 23
## LES BASES

*Choisir le bon sujet pour les verbes soulignés :*

1. _____ souhaitent le rencontrer assez vite.
   - **A** Il
   - **B** Tes cousins
   - **C** Mon père

2. Que veut-_____ faire ce soir ?
   - **A** elles
   - **B** elle
   - **C** tu

3. _____ me fait un peu de peine.
   - **A** Tu
   - **B** Cela
   - **C** Vous

4. Est-ce que _____ voudront rentrer tôt ?
   - **A** Marie et toi
   - **B** Marie et moi
   - **C** Marie et elle

5. Le vendredi, _____ es souvent invité chez des copains.
   - **A** tu
   - **B** elle
   - **C** on

*Choisir le bon verbe conjugué pour les sujets soulignés :*

1. Quelques oiseaux se _____ sur les branches.
   - **A** poses
   - **B** posent
   - **C** pose

2. Nous ne _____ pas souvent au restaurant.
   - **A** mangeons
   - **B** mangeront
   - **C** mangent

3. Tout cela ne me _____ pas beaucoup.
   - **A** rassurent
   - **B** rassures
   - **C** rassure

4. C'est toi qui _____ avant tout le monde.
   - **A** partiras
   - **B** part
   - **C** partira

5. Est-ce que vous _____ souvent à eux ?
   - **A** pensait
   - **B** pensez
   - **C** pensais

**Astuce** Pour trouver la terminaison du verbe, le plus simple est de remplacer le groupe de mots par le pronom personnel correspondant : *je, tu, il, elle, nous, vous, ils, elles* ou *ceci, cela, ce, c'* (3e personne du singulier).

# Module 24
## LES BASES

**Focus** Le complément d'objet direct

Corrigé page 247

*Les mots soulignés sont-ils les COD des verbes en gras ?*

1. Son dentiste **attend** encore dix patients.
   - A oui
   - B non

2. **Préfères**-tu lire cette bande dessinée ?
   - A oui
   - B non

3. Tu les **aimerais** beaucoup.
   - A oui
   - B non

4. Sylvie nous **emmènera** à la piscine.
   - A oui
   - B non

5. Il **connaît** bien l'Espagne, il y est souvent allé.
   - A oui
   - B non

6. Ils ne **savent** pas encore nager.
   - A oui
   - B non

7. Nous **avons invité** les professeurs à la réunion.
   - A oui
   - B non

8. Tous les gens **cherchent** la sortie.
   - A oui
   - B non

9. Ce vendeur **est** très serviable.
   - A oui
   - B non

**Astuce** Le complément d'objet direct (ou COD) est la personne ou la chose qui subit l'action, sur qui se passe l'action. Il répond à la question « qui ? » ou « quoi ? » après le verbe. Il peut être un mot ou un groupe composé de plusieurs mots.
*Exemple* : *Maud donne des cours de yoga.*

**Module 24**
LES BASES

*Par quel pronom peut-on remplacer les COD soulignés ?*

1. Son fils pose souvent <u>des questions intelligentes</u>. > Il \_\_\_\_ pose.
   - **A** la
   - **B** les
   - **C** en

2. Je demande <u>ma route</u> quand je suis en ville. > Je \_\_\_\_ demande.
   - **A** la
   - **B** en
   - **C** me

3. Baptiste aperçoit <u>l'écureuil</u> derrière les arbres. > Il \_\_\_\_ aperçoit.
   - **A** le
   - **B** l'
   - **C** la

4. Veux-tu <u>du pain</u> avec ton morceau de fromage ? > \_\_\_\_ veux-tu ?
   - **A** Le
   - **B** En
   - **C** Les

5. Tu choisis <u>ces garçons</u> pour constituer ton équipe. > Tu \_\_\_\_ choisis.
   - **A** nous
   - **B** les
   - **C** en

6. Je pense <u>qu'ils seront là</u>. > Je \_\_\_\_ pense.
   - **A** le
   - **B** les
   - **C** en

7. C'est sûrement moi qui attraperai <u>ton rhume</u>. > Je \_\_\_\_ attraperai.
   - **A** l'
   - **B** en
   - **C** t'

8. Mathilde chante <u>son air préféré</u>. > Elle \_\_\_\_ chante.
   - **A** les
   - **B** en
   - **C** le

9. Je veux <u>observer les fourmis de près</u>. > Je \_\_\_\_ veux.
   - **A** le
   - **B** les
   - **C** me

10. Vous réservez <u>des places</u> pour le concert de rap. > Vous \_\_\_\_ réservez.
    - **A** vous
    - **B** les
    - **C** en

---

**Astuce** Un COD peut être : un nom propre *(Elle aime <u>Lucas</u>)*, un groupe nominal *(Elle aime <u>les voyages</u>)*, un verbe à l'infinitif *(Elle aime <u>voyager</u>)*, un pronom* *(Elle <u>les</u> attend)* ou une proposition *(Elle veut <u>que tu sois là</u>)*.
\* Liste des pronoms COD : me, m', te, t', se, s', nous, vous, le, la, l', les, en.

# Module 25
## LES BASES

**Focus** Le complément d'objet indirect

Corrigé page 247

*Les mots soulignés sont-ils les COI des verbes en gras ?*

1. Vous **offrez** des livres <u>aux élèves</u>.
   - **A** oui
   - **B** non

2. **Crois**-tu <u>aux fantômes</u> ?
   - **A** oui
   - **B** non

3. Tu **bois** <u>beaucoup de thé</u>.
   - **A** oui
   - **B** non

4. Sarah <u>lui</u> **confiera** sa tortue.
   - **A** oui
   - **B** non

5. Elle me **prêtera** <u>son vélo</u> cette semaine.
   - **A** oui
   - **B** non

6. Je ne **téléphone** pas très souvent <u>à ma grand-mère</u>.
   - **A** oui
   - **B** non

7. Chacun **demandera** <u>de l'aide</u> à son moniteur.
   - **A** oui
   - **B** non

8. Certains **pensent** <u>à envoyer des cartes postales</u>.
   - **A** oui
   - **B** non

9. Vous <u>m'</u>**offrez** une glace au chocolat.
   - **A** oui
   - **B** non

---

**Astuce** Le complément d'objet indirect (ou COI) est le plus souvent le destinataire de l'action. Il répond aux questions « **à** qui ? » ou « **à** quoi ? », « **de** qui ? », « **de** quoi ? » après le verbe. Il peut être un mot ou un groupe de mots. <u>Exemples</u> : *Myriam parle <u>à ses copains</u> ; Elle rêve <u>de lui</u> ; Nous <u>leur</u> plaisons.*

**Module 25**
**LES BASES**

*Par quel pronom peut-on remplacer les COI soulignés ?*

Corrigé page 247

1. Tu téléphoneras <u>à ton professeur</u> en arrivant. > Tu ____ téléphoneras.
   - A les
   - B leur
   - C lui

2. Anna envoie une lettre <u>à tes parents</u>. > Elle ____ envoie une lettre.
   - A leur
   - B lui
   - C vous

3. Parles-tu <u>du chat qui a rapporté une souris</u> ? > ____ parles-tu ?
   - A Le
   - B En
   - C Y

4. Nous pensons <u>à notre voyage en Écosse</u>. > Nous ____ pensons.
   - A nous
   - B y
   - C en

5. Ces lunettes plaisent <u>à Tom et Luce</u>. > Elles ____ plaisent.
   - A les
   - B lui
   - C leur

6. Vous répondez <u>à Julia et à moi</u> en premier. > Vous ____ répondez.
   - A leur
   - B les
   - C nous

7. Je prête mes affaires <u>à ma sœur</u>. > Je ____ prête mes affaires.
   - A lui
   - B les
   - C la

8. Ils expliquent les règles <u>à Victor et toi</u>. > Ils ____ expliquent les règles.
   - A vous
   - B les
   - C leur

9. Elles rêvent <u>de partir en vacances</u>. > Elles ____ rêvent.
   - A le
   - B en
   - C y

**Astuce** Un COI peut être : un nom propre *(Elle parle à <u>Lucas</u>)*, un groupe nominal *(Elle parle <u>à son meilleur ami</u>)*, un verbe à l'infinitif *(Elle pense <u>à rentrer</u>)*, un pronom* *(Elle <u>lui</u> parle ; Elle pense à <u>eux</u>)* ou une proposition *(Elle pense <u>à ce que tu lui as dit</u>)*.
* Liste des pronoms COI : *me, m', te, t', se, s', nous, vous, lui, leur, en, y*. Associés aux prépositions : *moi, toi, lui, elle, nous, vous, eux, elles*.

## Module 26
## LES BASES

**Focus** Différencier les pronoms COI et COD

*Corrigé page 247*

*Les pronoms soulignés sont-ils les COI des verbes en gras ?*

1. Nous <u>lui</u> **offrons** des billets pour le concert.
   - A oui
   - B non

2. Est-ce que tu <u>y</u> **penses** parfois ?
   - A oui
   - B non

3. Tu <u>en</u> **prends** tous les jours.
   - A oui
   - B non

4. Louise <u>me</u> **donnera** sa place.
   - A oui
   - B non

5. Elle <u>nous</u> **attendra** sous le porche.
   - A oui
   - B non

*Les pronoms soulignés sont-ils les COD des verbes en gras ?*

1. Je <u>vous</u> **téléphonerai** quand j'aurai les résultats.
   - A oui
   - B non

2. Alice <u>les</u> **rapporte** après le cours de piano.
   - A oui
   - B non

3. Les enfants <u>te</u> **regardent** quand tu fais le clown.
   - A oui
   - B non

4. Vous <u>me</u> **répondez** à chaque fois.
   - A oui
   - B non

**Astuce** Le complément d'objet indirect répond aux questions « à qui ? » ou « à quoi ? », « de qui ? », « de quoi ? » après le verbe. <u>Exemples</u> : *Il **lui** parle* (*il parle « à qui ? »*) ; *Il **en** parle* (*il parle « de quoi ? »*).
Liste des pronoms COI : *me, m', te, t', se, s', nous, vous, lui, leur, en, y*.

**Module 26**
**LES BASES**

*Les pronoms soulignés sont-ils COI ou COD des verbes en gras ?*

Corrigé page 247

1. Leur fille <u>me</u> **prête** sa trottinette.
   - A COD
   - B COI

2. Tu <u>nous</u> **comprends** quand nous parlons anglais.
   - A COD
   - B COI

3. Nous <u>vous</u> **invitons** à notre fête samedi.
   - A COD
   - B COI

4. **Parlez**-<u>nous</u> de ce dessin animé.
   - A COD
   - B COI

5. Lina <u>en</u> **demande** à chaque repas.
   - A COD
   - B COI

6. Ce livre <u>te</u> **plaira**, j'en suis sûre.
   - A COD
   - B COI

7. Elle <u>m'</u>**invitera** chez elle cet été.
   - A COD
   - B COI

8. Je <u>vous</u> **confie** mes petits secrets.
   - A COD
   - B COI

9. Ils <u>t'</u>**appellent** pour te raconter leur voyage.
   - A COD
   - B COI

10. Les élèves <u>vous</u> **promettent** d'être calmes.
    - A COD
    - B COI

**Astuce** Le complément d'objet direct (ou COD) répond à la question « qui ? » ou « quoi ? » après le verbe. <u>Exemple</u> : *Maxime le regarde (Maxime regarde « qui ? ») ; Maxime en mange (Maxime mange « quoi ? »).*
Liste des pronoms COD : me, m', te, t', se, s', nous, vous, le, la, l', les, en.

VOTRE SCORE :

# Module 27
## LES BASES

**Focus** Les prépositions

*Les mots soulignés dans les phrases suivantes sont-ils des prépositions ?*

1. Tu achètes de la farine <u>pour</u> faire des crêpes.
   - A oui
   - B non

2. Nos copains sont <u>dans</u> le salon.
   - A oui
   - B non

3. Nous passons <u>chaque</u> jour chez lui.
   - A oui
   - B non

4. Tu voyages <u>en</u> train très souvent.
   - A oui
   - B non

5. Je ne suis <u>jamais</u> allée visiter l'aquarium.
   - A oui
   - B non

6. Nous nous retrouverons <u>derrière</u> le kiosque.
   - A oui
   - B non

7. Je prendrais <u>bien</u> une photo de cet endroit.
   - A oui
   - B non

8. L'oiseau est passé <u>par</u> la fenêtre du salon.
   - A oui
   - B non

9. Nous viendrons <u>après</u> le repas.
   - A oui
   - B non

**Astuce** Les prépositions sont des mots invariables qui introduisent des compléments.
<u>Exemples</u> : 1. *Il vient **à** midi.* 2. *Il parle **de** toi.* 3. *Elle vit **dans** une maison.*

## Module 27
### LES BASES

*Trouver une préposition pour compléter ces phrases :*

*Corrigé page 248*

1. Nous arriverons _____ onze heures.
   - **A** sur
   - **B** vers
   - **C** par

2. Irez-vous courir _____ votre voisin ?
   - **A** avec
   - **B** par
   - **C** de

3. Nous habitons _____ Bordeaux depuis un an.
   - **A** à
   - **B** sur
   - **C** pour

4. Ils passent du temps dans la salle _____ bains.
   - **A** en
   - **B** de
   - **C** pour

5. Mon oncle a acheté une maison _____ la mer.
   - **A** près de
   - **B** chez
   - **C** dans

6. Ils arrivent _____ les Delamare ce soir.
   - **A** chez
   - **B** aux
   - **C** à

7. Parfois, je me promène _____ la forêt.
   - **A** en
   - **B** dans
   - **C** de

8. Les filles viennent demain _____ le rencontrer.
   - **A** de
   - **B** pour
   - **C** par

9. Vous allez finir _____ être en retard.
   - **A** après
   - **B** à
   - **C** par

10. Nous avons retrouvé une souris _____ le lit.
    - **A** près de
    - **B** sous
    - **C** en

---

**Astuce** Voici une liste de prépositions couramment utilisées : *à, après, avant, avec, dans, de, devant, derrière, en, par, pour, sans, sous, sur, vers...*

# Module 28
## LES BASES

**Focus** L'attribut du sujet

*Corrigé page 248*

*Les mots soulignés sont-ils attributs du sujet ?*

1. Le plus important est <u>que tu t'amuses</u>.
   - **A** oui
   - **B** non

2. Resteras-tu <u>bien tranquille</u> ?
   - **A** oui
   - **B** non

3. Vous semblez <u>très contents</u> depuis hier.
   - **A** oui
   - **B** non

4. Nous marchons <u>trop lentement</u>.
   - **A** oui
   - **B** non

5. Le directeur de l'école paraît <u>assez inquiet</u>.
   - **A** oui
   - **B** non

6. Ils ne savent pas encore <u>que tu es là-bas</u>.
   - **A** oui
   - **B** non

7. Ses cousins ont l'air <u>paresseux</u>.
   - **A** oui
   - **B** non

8. Son avis est <u>à écouter</u>.
   - **A** oui
   - **B** non

9. Ce vendeur reste <u>dans cette boutique</u>.
   - **A** oui
   - **B** non

**Astuce** L'attribut du sujet est un mot ou un groupe de mots qui décrit le sujet, qui lui attribue une qualité. Il suit un **verbe d'état** comme : *avoir l'air, être, demeurer, devenir, paraître, rester, sembler*. Il peut répondre aux questions « comment ? » ou « quoi ? ».
<u>Exemples</u> : *Cette élève est restée <u>sage</u>* ; *Inès est <u>ma nièce</u>.*

# Module 28
## LES BASES

*Compléter les phrases avec un attribut du sujet :*

**Corrigé page 248**

1. Je pense qu'Aurélie va rester _____.
   - A ici
   - B sérieuse
   - C longtemps

2. Nous demeurons _____ pour le moment.
   - A à table
   - B sérieux
   - C avec toi

3. Le matin, les oiseaux paraissent _____.
   - A joyeux
   - B près d'ici
   - C dans le jardin

4. Ces personnes sont _____.
   - A mes amis
   - B dans l'entrée
   - C arrivées

5. La boulangère a l'air _____ depuis ce matin.
   - A conditionné
   - B ravie
   - C dans la tête

6. Est-ce que vous êtes _____ ?
   - A rentrées
   - B peureuses
   - C là-bas

7. Les élèves resteront _____ pour le contrôle.
   - A concentrés
   - B peu de temps
   - C dans la classe

8. Quelques spectateurs sont _____.
   - A déçus
   - B restés
   - C devant

9. Cette chanteuse est sûrement _____.
   - A à voir
   - B à Paris
   - C sortie

**Astuce** L'attribut du sujet peut être : un adjectif (*Julie est drôle*), un nom ou un groupe nominal (*Cet homme est un bon musicien*), un verbe à l'infinitif introduit par une préposition (*Elle est à vendre*), un pronom (*Cette voiture est la mienne*) ou une proposition (*Son défaut est qu'il est très jaloux*).

# Module 29
## LES BASES

**Focus** Les compléments circonstanciels

*Corrigé page 248*

*Les mots soulignés sont-ils des compléments circonstanciels ?*

1. Tu commandes des livres <u>pour les offrir</u>.
   - **A** oui
   - **B** non

2. Nos copains sont restés <u>silencieux</u>.
   - **A** oui
   - **B** non

3. Nous arrivons <u>dans une demi-heure</u>.
   - **A** oui
   - **B** non

4. J'aime beaucoup <u>les promenades en forêt</u>.
   - **A** oui
   - **B** non

5. Êtes-vous déjà allés <u>chez lui</u> ?
   - **A** oui
   - **B** non

6. Mon amie chante <u>très faux</u>…
   - **A** oui
   - **B** non

7. <u>Tous les jours</u>, il nous interroge sur la leçon.
   - **A** oui
   - **B** non

8. Karim est tombé <u>parce qu'il courait trop vite</u>.
   - **A** oui
   - **B** non

9. Es-tu <u>content</u> depuis que tu es au collège ?
   - **A** oui
   - **B** non

---

**Astuce** Un complément circonstanciel (CC) est un mot ou un groupe de mots qui complète le verbe en répondant à des questions précises comme : « où ? » *(lieu)* ; « quand ? » *(temps)* ; « comment ? » *(manière)* ; « pourquoi ? » *(cause)* ; « dans quel but ? » *(but)*.
Exemples : *M. Pierre vient <u>chez nous</u> (lieu) <u>demain</u> (temps) <u>pour nous apporter du lait frais</u> (but).*

# Module 29
## LES BASES

*De quel type sont les compléments circonstanciels soulignés ?*

**Corrigé page 248**

1. Béatrice et les enfants arrivent <u>bientôt</u>.
   - A temps
   - B but
   - C lieu

2. Je n'ai pas mangé, <u>car j'étais malade</u>.
   - A lieu
   - B cause
   - C manière

3. Nous venons mardi soir <u>pour vous voir</u>.
   - A manière
   - B temps
   - C but

4. Il a oublié son doudou <u>dans le train</u>.
   - A lieu
   - B temps
   - C cause

5. Mon grand-père a couru <u>très vite</u> hier.
   - A manière
   - B but
   - C lieu

6. Tes frères ne seront pas là <u>ce soir</u>.
   - A cause
   - B temps
   - C manière

7. Nous avons trouvé un chaton <u>derrière l'école</u>.
   - A but
   - B temps
   - C lieu

8. <u>En poussant la voiture</u>, il s'est fait mal.
   - A manière
   - B cause
   - C lieu

9. <u>Dans cinq ans</u>, tu pourras apprendre à conduire.
   - A temps
   - B but
   - C lieu

10. Mes tantes ont apporté des tartes <u>pour nous faire plaisir</u>.
    - A manière
    - B lieu
    - C but

**Astuce** Un CC peut être : un nom propre *(Il vit <u>à Marseille</u>)*, un groupe nominal *(Elle vient <u>dans une heure</u>)*, un verbe à l'infinitif *(Nous venons <u>pour aider</u>)*, un pronom *(Tu <u>y</u> restes)*, une proposition *(Elle viendra <u>quand elle veut</u>)* ou un adverbe *(On vient <u>bientôt</u>)*.

VOTRE SCORE :

# Module 30
## LES BASES

**Focus** Les adverbes

*Corrigé page 248*

*Les mots soulignés sont-ils des adverbes ?*

1. Ils ont adopté ce <u>petit</u> chien hier.
   - **A** oui
   - **B** non

2. Nous étions <u>très</u> inquiets pour eux.
   - **A** oui
   - **B** non

3. Mes amis arrivent chez moi <u>bientôt</u>.
   - **A** oui
   - **B** non

4. Ce canapé est <u>vraiment</u> confortable.
   - **A** oui
   - **B** non

5. Kevin est <u>fort</u> en orthographe.
   - **A** oui
   - **B** non

*Compléter les phrases avec l'adverbe correctement écrit :*

1. Quelques personnes courent très _____.
   - **A** vite
   - **B** vites

2. Ces biscuits sentent vraiment _____.
   - **A** bon
   - **B** bons

3. Vous avez tous _____ travaillé hier.
   - **A** biens
   - **B** bien

4. Nous parlons _____ sur scène.
   - **A** fort
   - **B** forts

---

**Astuce** Un adverbe est un mot invariable qui ajoute une information à un verbe *(nous jouons **beaucoup**)*, à un adjectif *(ils sont **très** gentils)*, à un autre adverbe *(elle parle **très** gentiment)* ou à une phrase entière *(**évidemment**, il est absent)*.

# Module 30
## LES BASES

*Trouver l'adverbe de la même famille que les mots suivants :*

**Corrigé page 248**

1. agrandir
   - **A** grand
   - **B** grandement
   - **C** agrandissement

2. vitesse
   - **A** éviter
   - **B** évitement
   - **C** vite

3. fin
   - **A** finement
   - **B** finesse
   - **C** affiner

4. abaisser
   - **A** bas
   - **B** abaissement
   - **C** bassement

5. chaleur
   - **A** réchauffer
   - **B** chaudement
   - **C** chaud

6. maintenir
   - **A** maintien
   - **B** maintenant
   - **C** maintenance

7. réjouir
   - **A** joie
   - **B** joyeux
   - **C** joyeusement

8. attention
   - **A** attentif
   - **B** attentivement
   - **C** attentionné

9. éloigner
   - **A** lointain
   - **B** loin
   - **C** éloignement

10. largeur
    - **A** large
    - **B** largement
    - **C** élargir

**Astuce** Plusieurs adverbes de manière sont construits en ajoutant le suffixe **-ment** (qui signifie « de manière ») à un adjectif au féminin. <u>Exemples</u> : *vivement ; fortement ; heureusement*.

VOTRE SCORE :

# Module 31
## LES BASES

**Focus** Les conjonctions de coordination

*Corrigé page 248*

*Les mots soulignés dans les phrases suivantes sont-ils des conjonctions de coordination ?*

1. Nous travaillons au soleil <u>tous</u> les jours.
   - A oui
   - B non

2. Les passagers resteront dans le <u>car</u>.
   - A oui
   - B non

3. J'y vais, <u>car</u> il m'a gentiment invitée.
   - A oui
   - B non

4. Tu ne prends <u>ni</u> le train ni l'avion.
   - A oui
   - B non

5. Vous êtes allées <u>chez</u> Iris hier matin.
   - A oui
   - B non

6. Il aime bien le bleu, <u>mais</u> il préfère le rouge.
   - A oui
   - B non

7. Caroline <u>et</u> Théo sont arrivés très tard.
   - A oui
   - B non

8. Le voleur a dû passer <u>par</u> la porte du garage.
   - A oui
   - B non

9. Ils ont parlé avec les voisins, <u>or</u> ils étaient déjà en retard.
   - A oui
   - B non

**Astuce** Les conjonctions de coordination sont des mots invariables qui relient des mots, des groupes de mots ou des propositions de même nature et/ou de même fonction.
<u>Exemples</u> : 1. *Elle aime danser **et** chanter.* 2. *Tu veux un thé **ou** un chocolat ?*

# Module 31
## LES BASES

*Trouver une conjonction de coordination pour compléter ces phrases :*  **Corrigé page 248**

1. Olivia veut de l'eau _____ du jus de fruits.
   - **A** ou
   - **B** pas
   - **C** avec

2. Ils ont mis le linge propre _____ le linge sale dans le sac.
   - **A** sans
   - **B** et
   - **C** avec

3. Il ne veut pas sortir, _____ son fils est malade.
   - **A** parce que
   - **B** car
   - **C** en effet

4. Paul revient tard, _____ il est fatigué.
   - **A** or
   - **B** parce que
   - **C** en effet

5. Il faisait froid, _____ je me suis enrhumée.
   - **A** alors
   - **B** donc
   - **C** puisque

6. Nous mettons le pantalon _____ la ceinture.
   - **A** et
   - **B** puis
   - **C** avant

7. Je fais du sport, _____ je ne suis pas musclé.
   - **A** parce que
   - **B** mais
   - **C** alors que

8. Vous viendrez chercher son frère _____ sa sœur.
   - **A** et
   - **B** puis
   - **C** alors

9. Encore un peu de sucre _____ ce sera terminé.
   - **A** et
   - **B** puis
   - **C** alors

10. Nous réussissons, _____ nous travaillons.
    - **A** alors
    - **B** parce que
    - **C** car

**Astuce** Voici la liste des conjonctions de coordination : *car, donc, et, mais, ni, or, ou.*

# Module 32
## LES BASES

**Focus** « être » ou « avoir » ?

*Le verbe souligné est-il le verbe « être » ou le verbe « avoir » ?*

1. Nous <u>sommes</u> invités pour les vacances.
   - **A** avoir
   - **B** être

2. J'<u>ai</u> retrouvé les clés du garage sous le lit.
   - **A** avoir
   - **B** être

3. Quand il <u>aura</u> son permis, il partira en voyage.
   - **A** avoir
   - **B** être

4. Il <u>est</u> encore temps de s'inscrire au concours.
   - **A** avoir
   - **B** être

5. Vous <u>êtes</u> allées à la piscine avec lui ce matin.
   - **A** avoir
   - **B** être

6. Les voisins <u>ont</u> cherché leur chat toute la soirée.
   - **A** avoir
   - **B** être

7. Quand vous <u>serez</u> arrivés chez eux, appelez-nous.
   - **A** avoir
   - **B** être

8. <u>As</u>-tu tes affaires de gym avec toi ?
   - **A** avoir
   - **B** être

9. Est-ce qu'ils <u>seront</u> bien placés pendant le spectacle ?
   - **A** avoir
   - **B** être

10. Je <u>suis</u> née en Bretagne.
    - **A** avoir
    - **B** être

---

**Astuce** Le verbe (ou auxiliaire) **avoir** est très irrégulier, voici sa conjugaison aux temps les plus courants : → <u>Présent</u> : j'ai, tu as, il a, nous avons, vous avez, ils ont.
→ <u>Futur</u> : j'aurai, tu auras, il aura, nous aurons, vous aurez, ils auront. → <u>Imparfait</u> : j'avais, tu avais, il avait, nous avions, vous aviez, ils avaient.

# Module 32
## LES BASES

*Compléter les phrases avec « être » ou « avoir » :*

**Corrigé page 249**

1. Quand tu _____ fatiguée, tu fais une sieste.
   - **A** es
   - **B** as
   - **C** étais

2. Ils _____ appris l'anglais en Australie.
   - **A** sont
   - **B** ont
   - **C** seront

3. Myriam _____ changé de chaîne plusieurs fois.
   - **A** est
   - **B** a
   - **C** était

4. Nous _____ vraiment fatigués par le bruit.
   - **A** sommes
   - **B** avons
   - **C** avions

5. Je pense que tu t'_____ enrhumé dans le jardin.
   - **A** as
   - **B** es
   - **C** est

6. Vous nous _____ déjà envoyé une carte postale.
   - **A** avions
   - **B** étiez
   - **C** aviez

7. Lorsque vous _____ fini ce mur, commencez l'autre.
   - **A** êtes
   - **B** aviez
   - **C** aurez

8. J'_____ prévenu sa sœur avant de partir.
   - **A** ai
   - **B** es
   - **C** est

9. Encore un petit effort et les devoirs _____ terminés !
   - **A** auront
   - **B** aura
   - **C** seront

10. Nous _____ réussi à construire cette cabane.
    - **A** sommes
    - **B** avons
    - **C** étions

---

**Astuce** Le verbe (ou auxiliaire) **être** est très irrégulier, voici sa conjugaison aux temps les plus courants : → <u>Présent</u> : je suis, tu es, il est, nous sommes, vous êtes, ils sont. → <u>Futur</u> : je serai, tu seras, il sera, nous serons, vous serez, ils seront. → <u>Imparfait</u> : j'étais, tu étais, il était, nous étions, vous étiez, ils étaient.

# Module 33
## LES BASES

**Focus** Les auxiliaires

*Corrigé page 249*

*Le verbe souligné est-il le verbe ou l'auxiliaire ?*

1. Vous <u>êtes</u> rentrés chez vous très tard.
   - **A** auxiliaire
   - **B** verbe

2. Il <u>a</u> souvent son téléphone dans son cartable.
   - **A** auxiliaire
   - **B** verbe

3. Quand tu <u>auras</u> rangé ta chambre, tu joueras à la console.
   - **A** auxiliaire
   - **B** verbe

4. Je <u>suis</u> souvent en retard le matin.
   - **A** auxiliaire
   - **B** verbe

5. Est-ce que Lucie <u>est</u> allée au musée avec la classe ?
   - **A** auxiliaire
   - **B** verbe

6. Les élèves <u>seront</u> dans le préau à cause de la pluie.
   - **A** auxiliaire
   - **B** verbe

7. Nous <u>aurons</u> déjà fini le repas quand tu rentreras.
   - **A** auxiliaire
   - **B** verbe

8. <u>As</u>-tu déjà eu la varicelle ?
   - **A** auxiliaire
   - **B** verbe

9. Quand vous <u>serez</u> près du lac, prenez une photo.
   - **A** auxiliaire
   - **B** verbe

---

**Astuce** L'auxiliaire est un verbe qui perd son sens premier et qui aide à former les temps composés. L'auxiliaire « être » est utilisé dans les temps composés *(Pauline **est** arrivée hier)* et dans la voix passive *(Nous **sommes** motivés par l'entraîneur)*. Dans les autres cas, « être » est le verbe *(Je **suis** là ; Elle **est** contente)*.

# Module 33
## LES BASES

*Compléter les phrases avec les auxiliaires ou les verbes :*

Corrigé page 249

1. Si tu veux _____ plus de points, concentre-toi !
   - **A** auxiliaire avoir
   - **B** verbe avoir
   - **C** auxiliaire être

2. Je préfère _____ là quand il arrivera.
   - **A** auxiliaire être
   - **B** verbe être
   - **C** auxiliaire avoir

3. Il va _____ récompensé par les professeurs.
   - **A** auxiliaire avoir
   - **B** verbe être
   - **C** auxiliaire être

4. Nous allons _____ reçus par le chef cuisinier.
   - **A** auxiliaire être
   - **B** verbe être
   - **C** verbe avoir

5. Vous allez _____ déjà partis quand Louis rentrera.
   - **A** verbe avoir
   - **B** verbe être
   - **C** auxiliaire être

6. Nora va _____ les félicitations cette fois-ci.
   - **A** auxiliaire avoir
   - **B** verbe avoir
   - **C** auxiliaire être

7. Je vais _____ terminé mes devoirs avant toi.
   - **A** verbe être
   - **B** verbe avoir
   - **C** auxiliaire avoir

8. Combien de personnes souhaitent _____ de ses nouvelles ?
   - **A** auxiliaire être
   - **B** verbe avoir
   - **C** auxiliaire avoir

9. Je suis déçue, je vais sûrement _____ au fond de la salle.
   - **A** auxiliaire être
   - **B** verbe être
   - **C** verbe avoir

10. Qui va _____ gagné le plus de billes ?
    - **A** auxiliaire avoir
    - **B** verbe avoir
    - **C** verbe être

---

**Astuce** L'auxiliaire « **avoir** » est l'auxiliaire le plus utilisé pour former les temps composés *(Nous **avons** chanté et nous **avons** bien ri !)*. Dans les autres cas, « avoir » est un verbe *(Il **a** des amis)*.

VOTRE SCORE :

## Module 34
LES BASES

**Focus** Présent ou futur ?

*Le verbe souligné est-il au présent ou au futur ?*

1. Vous ne <u>serez</u> pas à l'école la semaine prochaine.
   - **A** présent
   - **B** futur

2. Ma voisine <u>promène</u> ses chiens le matin.
   - **A** présent
   - **B** futur

3. Quand elle <u>aura</u> son vélo, on ira se promener.
   - **A** présent
   - **B** futur

4. Mon meilleur ami <u>a</u> toujours de bonnes idées.
   - **A** présent
   - **B** futur

5. J'espère que ton cadeau te <u>plaira</u>.
   - **A** présent
   - **B** futur

6. Tous les jours, sa mère l'<u>appelle</u>.
   - **A** présent
   - **B** futur

7. Vous <u>admirez</u> ce chanteur depuis des années.
   - **A** présent
   - **B** futur

8. Penses-tu qu'elle lui <u>demandera</u> son avis ?
   - **A** présent
   - **B** futur

9. Nous sommes certains que vous vous <u>entendrez</u> bien.
   - **A** présent
   - **B** futur

---

**Astuce** Le **présent** de l'indicatif est utilisé pour : des habitudes actuelles *(Nous marchons tous les jours)* ; des actions en cours *(En ce moment, je t'écris)* ; des généralités *(Les chats miaulent)*.

# Module 34
## LES BASES

*Compléter les phrases avec des verbes au présent ou au futur :*

Corrigé page 249

1. Depuis quelques années, nous _____ dans une chorale.
   - **A** chantons
   - **B** chanterons

2. Tu vois bien que je _____ contente que tu aies pu venir.
   - **A** serai
   - **B** suis

3. Vous êtes sûres que vous _____ l'année prochaine.
   - **A** jouez
   - **B** jouerez

4. Les élèves _____ dans le car quand nous arriverons.
   - **A** sont
   - **B** seront

5. Quand tu auras mangé tes légumes, tu _____ ton dessert.
   - **A** auras
   - **B** as

6. David ne _____ certainement pas venir lundi.
   - **A** peut
   - **B** pourra

7. Si vous _____ le professeur, vous réussirez le contrôle.
   - **A** écouterez
   - **B** écoutez

8. En ce moment, elles _____ à nager.
   - **A** apprennent
   - **B** apprendront

9. Lorsque Mélanie _____, nous chanterons tous.
   - **A** arrive
   - **B** arrivera

10. Tu _____ là depuis combien de temps ?
    - **A** es
    - **B** seras

---

**Astuce** Le **futur** simple de l'indicatif est utilisé pour des actions certaines à venir *(Je viendrai te chercher à la gare ; Il arrivera à 17 heures).*

## Module 35
### LES BASES

**Focus** Présent ou passé ?

*Corrigé page 249*

*Le verbe souligné est-il au présent ou au passé ?*

1. Quand vous étiez enfant, il n'y <u>avait</u> pas de téléphone portable.
   - **A** présent
   - **B** passé

2. Ma sœur <u>adore</u> le thé avec un nuage de lait.
   - **A** présent
   - **B** passé

3. Quand elle <u>est tombée</u> de vélo, j'ai eu peur.
   - **A** présent
   - **B** passé

4. Son grand-père <u>racontait</u> souvent des blagues.
   - **A** présent
   - **B** passé

5. J'imagine que cette promenade te <u>fait</u> du bien.
   - **A** présent
   - **B** passé

6. Est-ce que tu <u>as vu</u> mon chien passer ?
   - **A** présent
   - **B** passé

7. Vous ne <u>compreniez</u> jamais les paroles des chansons.
   - **A** présent
   - **B** passé

8. Paloma <u>parle</u> comme une adulte !
   - **A** présent
   - **B** passé

9. Les parents de Charlotte <u>semblaient</u> contents.
   - **A** présent
   - **B** passé

---

**Astuce** Le **passé composé** est utilisé pour des actions qui se sont déjà passées, qui sont terminées *(J'ai acheté des tickets ; Il est parti hier)*. L'**imparfait** est utilisé pour une habitude passée *(Nous allions à la mer avant)* ; une action en cours dans le passé *(Le jour se levait…)*.

**Module 35**
LES BASES

*Compléter les phrases avec des verbes au présent ou au passé :*

Corrigé page 249

1. Avant ton arrivée, nous _____ dans le jardin.
   - **A** avons joué
   - **B** jouons

2. Est-ce que vous _____ bien en ce moment ?
   - **A** dormiez
   - **B** dormez

3. En juillet dernier, Jules _____ en Espagne.
   - **A** va
   - **B** est allé

4. Nos voisins _____ des fêtes avant d'avoir déménagé.
   - **A** organisaient
   - **B** organisent

5. Si tu le souhaites, tu _____ m'appeler de là-bas.
   - **A** pouvais
   - **B** peux

6. Damien _____ à faire ses lacets tout seul hier !
   - **A** réussit
   - **B** a réussi

7. Si vous le _____, vous pouvez l'inviter à dîner.
   - **A** souhaitiez
   - **B** souhaitez

8. L'année dernière, les filles _____ avec des dauphins.
   - **A** ont nagé
   - **B** nagent

9. Je ne _____ pas que tu étais premier de ta classe, bravo !
   - **A** sais
   - **B** savais

10. Est-ce qu'il _____ que nous avons les résultats ?
    - **A** pense
    - **B** pensait

---

**Astuce** Le **présent** de l'indicatif est utilisé pour : des habitudes actuelles *(Nous marchons tous les jours)* ; des actions en cours *(En ce moment, je t'écris)* ; des généralités *(Les chats miaulent)*.

# Module 36
## LES BASES

**Focus** Le participe passé (la voix passive)

*Corrigé page 249*

*Le verbe souligné est-il un participe passé de voix passive ?*

1. Tes amis sont <u>heureux</u> que vous soyez passés.
   - **A** oui
   - **B** non

2. Sa tante est <u>enchantée</u> par la visite du château.
   - **A** oui
   - **B** non

3. Ce vélo est assez <u>petit</u>, mais il est solide.
   - **A** oui
   - **B** non

4. Vous serez <u>attendus</u> à la gare par le directeur du centre.
   - **A** oui
   - **B** non

5. Est-ce que nous sommes <u>inscrits</u> par l'infirmière ?
   - **A** oui
   - **B** non

6. Elle sera sûrement très <u>grande</u> quand elle aura vingt ans.
   - **A** oui
   - **B** non

7. Un bouquet est <u>offert</u> par l'hôtel à tous les clients.
   - **A** oui
   - **B** non

8. Les leçons ont été <u>écrites</u> au tableau par M. François.
   - **A** oui
   - **B** non

9. Charles et Madeleine étaient <u>fiers</u> de vous.
   - **A** oui
   - **B** non

**Astuce** Le **participe passé** est une forme du verbe qu'on utilise pour évoquer une action passée (terminée) ou subie. Dans la **voix passive**, le sujet subit l'action, l'action subie se construit avec l'auxiliaire « être » et le participe passé du verbe. <u>Exemple</u> : *Ils ont été **reçus** par le maire.*

# Module 36
## LES BASES

*Trouver les participes passés au masculin singulier des verbes :*

**Corrigé page 249**

1. chercher
   - A cherché
   - B cherchée
   - C cherchés

2. agrandir
   - A agrandis
   - B agrandit
   - C agrandi

3. ouvrir
   - A ouvré
   - B ouvert
   - C ouvers

4. apercevoir
   - A aperçu
   - B aperçut
   - C apercevé

5. comprendre
   - A compri
   - B compris
   - C comprit

6. conduire
   - A conduit
   - B conduis
   - C condui

7. relire
   - A relu
   - B relié
   - C relut

8. mettre
   - A mit
   - B mis
   - C mi

9. dire
   - A di
   - B dis
   - C dit

10. conclure
    - A conclus
    - B conclut
    - C conclu

**Astuce** Les **terminaisons** des participes passés sont : *é, i, u, s, t* (« s.i.t.u.é » dans un autre ordre). Exemples : *marché ; fini ; perdu ; pris ; fait*. Pour trouver la terminaison du participe passé, on peut le mettre au féminin comme si c'était un adjectif (*dire* > « une chose ***dite*** » > ***dit***).

VOTRE SCORE :

# Module 37
## LES BASES

**Focus** Le participe passé (les temps composés)

*Corrigé page 249*

*Le verbe souligné est-il un participe passé d'un temps composé ?*

1. Pense-t-il que ces gens vont <u>danser</u> sur cette musique ?
   - **A** oui
   - **B** non

2. Votre fille est <u>admise</u> dans une bonne école de théâtre.
   - **A** oui
   - **B** non

3. Le facteur a <u>dû</u> filer très vite après la distribution.
   - **A** oui
   - **B** non

4. Vous serez <u>rentré</u> avant moi si vous partez à midi.
   - **A** oui
   - **B** non

5. Est-ce que vous avez <u>dit</u> la vérité ?
   - **A** oui
   - **B** non

6. Hélène est peut-être <u>étonnée</u> par cette nouvelle.
   - **A** oui
   - **B** non

7. C'est nous qui avions <u>conduit</u> à l'aller.
   - **A** oui
   - **B** non

8. Tes meilleurs amis sont <u>venus</u> voir ton spectacle.
   - **A** oui
   - **B** non

9. J'ai des vêtements neufs à lui <u>donner</u>.
   - **A** oui
   - **B** non

**Astuce** Le **participe passé** est une forme du verbe que l'on utilise pour évoquer une action passée (terminée). Pour créer un **temps composé**, on associe l'auxiliaire « **avoir** » ou « **être** » (conjugué à n'importe quel temps) au participe passé du verbe.
*Exemples :* Ils sont **venus** ; Elle a **compris** ; J'avais **donné** ; Elles étaient **parties**.

**Module 37**
**LES BASES**

*Compléter la phrase avec l'auxiliaire « avoir » ou « être » :*

**Corrigé page 249**

1. Nous _____ souvent chanté ensemble.
   - **A** avons
   - **B** sommes
   - **C** étions

2. Si vous _____ rentré quand on arrive, préparez le repas.
   - **A** avez
   - **B** êtes
   - **C** serez

3. Les amis de Karina _____ pris de belles photos.
   - **A** sont
   - **B** seront
   - **C** ont

4. C'est moi qui _____ voulu sortir plus tôt pour le voir.
   - **A** suis
   - **B** ai
   - **C** étais

5. Sais-tu qu'il _____ venu quand j'étais absente ?
   - **A** est
   - **B** a
   - **C** avait

6. Est-ce toi qui _____ fait cette tarte aux mirabelles ?
   - **A** es
   - **B** as
   - **C** seras

7. Le fils de Cathy n'_____ pas encore rentré de l'école.
   - **A** a
   - **B** aura
   - **C** est

8. Certains animaux du zoo _____ mordu le gardien.
   - **A** sont
   - **B** étaient
   - **C** ont

9. Mon copain du judo _____ arrivé en finale.
   - **A** est
   - **B** a
   - **C** avait

10. Quelques personnes _____ mis leurs pieds sur le mur.
    - **A** étaient
    - **B** ont
    - **C** sont

**Astuce** La plupart des temps composés se construisent avec l'auxiliaire « **avoir** » (*Elle **a** changé* ; *Ils **ont** perdu*). Seuls 26 verbes forment leurs temps composés avec l'auxiliaire « **être** » dont : aller ; arriver ; (r)entrer ; naître ; (re)partir ; (re)venir... <u>Exemples</u> : *Il **est** parti tôt et il **est** revenu tard.*

# Module 38
## LES BASES

**Focus** La proposition relative

*Corrigé page 250*

*Les mots soulignés sont-ils des propositions relatives ?*

1. Tu attrapes les livres <u>que tu préfères</u>.
   - **A** oui
   - **B** non

2. Peux-tu m'appeler <u>quand tu pars de chez toi</u> ?
   - **A** oui
   - **B** non

3. L'araignée <u>qui est sous le lit</u> te fait peur.
   - **A** oui
   - **B** non

4. <u>Quelle robe</u> vas-tu porter pour la photo de classe ?
   - **A** oui
   - **B** non

5. J'ai invité mes cousins dans le restaurant <u>dont tu as parlé</u>.
   - **A** oui
   - **B** non

6. Il faut absolument <u>que tu écoutes</u> ce morceau !
   - **A** oui
   - **B** non

7. La photo <u>que tu as prise</u> est en noir et blanc.
   - **A** oui
   - **B** non

8. Il ne va pas dans l'hôtel <u>où il a déjà séjourné</u>.
   - **A** oui
   - **B** non

9. L'endroit <u>où nous passons nos étés</u> est magnifique.
   - **A** oui
   - **B** non

**Astuce** Une **proposition relative** est un morceau de phrase qui contient un verbe et qui apporte une information à un nom. <u>Exemples</u> : 1. *Il a rencontré la* **femme** *[qui vit au-dessus]*. 2. *Les* **enfants** *[que je garde] sont drôles*.

# Module 38
## LES BASES

*Choisir le pronom relatif pour compléter les phrases :*

**Corrigé page 250**

1. L'histoire _____ te plaît est très ancienne.
   - **A** dont
   - **B** où
   - **C** qui

2. C'est le gymnase _____ je m'entraîne.
   - **A** que
   - **B** où
   - **C** dont

3. Voici la libraire _____ vous aviez pensé.
   - **A** à laquelle
   - **B** que
   - **C** qui

4. Le garçon _____ tu es tombée amoureuse est là-bas.
   - **A** que
   - **B** où
   - **C** dont

5. J'aime beaucoup la maison _____ tu vas visiter.
   - **A** qui
   - **B** dont
   - **C** que

6. Le documentaire _____ elle me parle est intéressant.
   - **A** que
   - **B** dont
   - **C** desquelles

7. Le centre _____ tu joues le mercredi va fermer.
   - **A** que
   - **B** où
   - **C** dont

8. Elle te présentera le bijoutier _____ a réparé sa bague.
   - **A** auxquelles
   - **B** que
   - **C** qui

9. Le cheval _____ elles se souviennent est noir.
   - **A** dont
   - **B** où
   - **C** qui

10. Alice rapporte le téléphone _____ ses parents lui ont offert.
    - **A** qui
    - **B** dont
    - **C** que

**Astuce** Une proposition relative est toujours introduite par **un pronom relatif**. Pronoms relatifs courants : qui, que, dont, où, lequel, laquelle, lesquels, lesquelles, duquel, desquelles... <u>Exemple</u> : *La personne [**dont** je parle] arrive bientôt.*

VOTRE SCORE :

## Module 39
### LES BASES

**Focus** La phrase négative

*Corrigé page 250*

*Les phrases suivantes sont-elles des phrases négatives ?*

1. Tu cours souvent pour arriver à l'heure.
   - **A** oui
   - **B** non

2. Ne me dis pas qu'il est dans la salle !
   - **A** oui
   - **B** non

3. Les frères de Clara n'aiment pas qu'elle sorte toute seule.
   - **A** oui
   - **B** non

4. Je ne m'y connais pas du tout en informatique.
   - **A** oui
   - **B** non

5. J'ai bien reçu le colis que tu m'as envoyé, merci.
   - **A** oui
   - **B** non

6. Il faudrait que le réparateur arrive vite...
   - **A** oui
   - **B** non

7. Ses tableaux ne sont plus très gais depuis quelques années.
   - **A** oui
   - **B** non

8. Elle ne va jamais s'apercevoir que tu l'aimes bien.
   - **A** oui
   - **B** non

9. La salle des fêtes a été réservée pour son anniversaire.
   - **A** oui
   - **B** non

**Astuce** Une phrase est dite **négative** lorsqu'elle nie un fait (*Elle **ne** ment **jamais***) ou une qualité (*Ils **ne** sont **pas** très drôles*).
Pour construire une phrase négative, on peut entourer le verbe des adverbes de négation « ne » (avant le verbe) et « pas », « plus », « jamais », « point », « guère » (après le verbe).

# Module 39
## LES BASES

*Compléter les phrases avec le pronom ou l'adverbe qui convient :*

**Corrigé page 250**

1. Il souhaite que _____ ne regarde dans son tiroir.
   - **A** je
   - **B** rien
   - **C** personne

2. _____ de ses amies n'est venue la voir.
   - **A** Rien
   - **B** Aucune
   - **C** Elle

3. Je ne veux _____ d'autre que Julie avec moi.
   - **A** personne
   - **B** aucune
   - **C** jamais

4. _____ n'a pu la faire changer d'avis, dommage.
   - **A** Pas un
   - **B** On
   - **C** Rien

5. _____ n'a réussi à trouver la solution…
   - **A** Qui
   - **B** Personne
   - **C** Elle

6. Vous n'avez _____ respect pour le voisinage !
   - **A** aucun
   - **B** rien
   - **C** pas

7. Nous ne croyons _____ à cette histoire.
   - **A** personne
   - **B** pas
   - **C** nulle

8. _____ bruit pendant le concert, merci !
   - **A** Jamais
   - **B** Pas un
   - **C** Aucune

9. Le chaton ne dort _____ dans leur lit depuis un an.
   - **A** aucun
   - **B** plus
   - **C** rien

10. Je suis désolée, je ne peux _____ te dire.
    - **A** rien
    - **B** personne
    - **C** aucun

---

**Astuce** Pour construire une phrase négative, on peut aussi utiliser des mots comme : aucun(e), nul(le), personne, pas un(e), rien.
Exemples : ***Personne n'a*** *vu ce film* ; ***Rien ne*** *l'arrête*.

VOTRE SCORE :

## Module 40
### LES BASES

**Focus** La phrase interrogative

*Corrigé page 250*

*Peut-on ajouter des points d'interrogation à ces phrases (formes courantes et soutenues uniquement) ?*

1. Tu ne viens jamais danser, je suis déçue ___
   - **A** oui
   - **B** non

2. Pensez-vous qu'ils ont beaucoup d'amis ___
   - **A** oui
   - **B** non

3. Est-ce que nous allons voir cette pièce de théâtre ___
   - **A** oui
   - **B** non

4. Lucille n'est pas invitée à la réunion ___
   - **A** oui
   - **B** non

5. Jeanne a-t-elle pris son sac dans la chambre ___
   - **A** oui
   - **B** non

6. Il ne faudrait pas que tu tombes malade cette semaine ___
   - **A** oui
   - **B** non

7. Ses amis le croient-ils quand il raconte cette histoire ___
   - **A** oui
   - **B** non

8. On parle souvent de cette bande dessinée ___
   - **A** oui
   - **B** non

9. Tu m'appelleras sûrement quand tu seras prête à partir ___
   - **A** oui
   - **B** non

**Astuce** Une phrase est dite **interrogative** lorsqu'elle contient une question *(Quelle heure est-il ?)*. Elle se termine par un point d'interrogation. Il y a trois façons de poser des questions : 1. **La forme familière** : la phrase reste dans l'ordre d'une affirmation et on ajoute un point d'interrogation *(Il vient demain ?)*.

# Module 40
## LES BASES

*Quel est le style des phrases interrogatives suivantes ?*

**Corrigé page 250**

1. Tu peux m'apporter un verre d'eau ?
   - **A** familière
   - **B** courante
   - **C** soutenue

2. Est-ce qu'il a pris sa carte d'identité ?
   - **A** familière
   - **B** courante
   - **C** soutenue

3. Ces pierres précieuses ont-elles été offertes aux stars ?
   - **A** familière
   - **B** courante
   - **C** soutenue

4. Est-ce que tu viens demain au collège ?
   - **A** familière
   - **B** courante
   - **C** soutenue

5. Vous voulez que j'aille à la boulangerie ?
   - **A** familière
   - **B** courante
   - **C** soutenue

6. Souhaitez-vous que quelqu'un vous accompagne ?
   - **A** familière
   - **B** courante
   - **C** soutenue

7. Est-ce que Pierre a bien vérifié la serrure ?
   - **A** familière
   - **B** courante
   - **C** soutenue

8. Va-t-elle rentrer tard ce soir ?
   - **A** familière
   - **B** courante
   - **C** soutenue

9. Lou arrive à quelle heure dimanche ?
   - **A** familière
   - **B** courante
   - **C** soutenue

10. A-t-il lu le nouveau roman de son auteur préféré ?
    - **A** familière
    - **B** courante
    - **C** soutenue

**Astuce** 2. **La forme courante** : la phrase reste dans l'ordre d'une affirmation et on ajoute « est-ce que » au début (*Est-ce qu'il vient demain ?*). 3. **La forme soutenue** : on inverse le verbe et le sujet et on relie les deux par un trait d'union (*Vient-il demain ?*).

VOTRE SCORE :

# Module 41
## LES BASES

**Focus** La 3ᵉ personne du pluriel

*Corrigé page 250*

*À quelle personne sont conjugués les verbes soulignés ?*

1. Votre meilleur ami <u>chante</u> très bien.
   - **A** 1ʳᵉ pers. du sing.
   - **B** 3ᵉ pers. du sing.
   - **C** 3ᵉ pers. du pl.

2. Tous les membres du groupe s'<u>entraînent</u> ici.
   - **A** 2ᵉ pers. du sing.
   - **B** 3ᵉ pers. du sing.
   - **C** 3ᵉ pers. du pl.

3. Cet été, Olivia et moi <u>partirons</u> en Australie à la maison.
   - **A** 3ᵉ pers. du sing.
   - **B** 1ʳᵉ pers. du pl.
   - **C** 3ᵉ pers. du pl.

4. Quelques enfants <u>jouaient</u> dans la cour ce midi.
   - **A** 1ʳᵉ pers. du sing.
   - **B** 3ᵉ pers. du sing.
   - **C** 3ᵉ pers. du pl.

5. Tom et Julia nous <u>invitent</u> chez eux.
   - **A** 2ᵉ pers. du sing.
   - **B** 3ᵉ pers. du sing.
   - **C** 3ᵉ pers. du pl.

*Choisir la bonne terminaison pour le verbe :*

1. Nos amis écout____ de la bonne musique.
   - **A** es
   - **B** ent
   - **C** ons

2. Les élèves de cette classe entr____ calmement.
   - **A** erons
   - **B** eront
   - **C** es

3. Souvent, ils vienn____ à la maison.
   - **A** ent
   - **B** es
   - **C** e

4. Ses professeurs l'écout____ réciter ce poème.
   - **A** aient
   - **B** ais
   - **C** es

**Astuce** Lorsqu'il est conjugué à la **3ᵉ personne du pluriel** (sujets pouvant être remplacés par les pronoms : « *ils* », « *elles* », « *ceux-ci* », « *celles-ci* »), le verbe a **toujours** une terminaison en « **-nt** ». <u>Exemple</u> : « *Les oiseaux (ils) chantent.* »

# Module 41
## LES BASES

*Choisir le verbe bien conjugué (au présent) :*

1. Ce soir, mes parents _____ sans nous.
   - **A** sortent
   - **B** sortes
   - **C** sortons

2. À quelle heure _____ les touristes ?
   - **A** arrives
   - **B** arrivent
   - **C** arrives

3. Certains magasins _____ fermés aujourd'hui.
   - **A** restes
   - **B** reste
   - **C** restent

4. Les élèves se _____ deux par deux.
   - **A** ranges
   - **B** rangent
   - **C** range

5. Tous les joueurs _____ trois cartes.
   - **A** pioche
   - **B** pioches
   - **C** piochent

*Choisir le verbe bien conjugué (au futur) :*

1. Demain, ses affaires _____ par le train.
   - **A** arriveront
   - **B** arriverons
   - **C** arrivera

2. _____-elles m'amener à l'aéroport ?
   - **A** Pourra
   - **B** Pourrons
   - **C** Pourront

*Choisir le verbe bien conjugué (à l'imparfait) :*

1. Autrefois, les enfants _____ plus de temps dehors.
   - **A** passait
   - **B** passaient
   - **C** passais

2. Elles ne vous _____ pas si tôt.
   - **A** attendais
   - **B** attendait
   - **C** attendaient

**Astuce** La terminaison « s » est réservée à la 1re et à la 2e personne du singulier.
<u>Exemples</u> : *Je prend**s**, tu chante**s**.*

# Module 42
## LES BASES

**Focus** L'accord du participe passé avec l'auxiliaire « être »

*Corrigé page 250*

*Ces verbes sont-ils à la voix passive ou à un temps composé ?*

1. Le meilleur élève <u>a été félicité</u> pour son sérieux.
   - **A** voix passive
   - **B** temps composé

2. La fille du voisin <u>est montée</u> nous voir.
   - **A** voix passive
   - **B** temps composé

3. Quand vous <u>serez arrivés</u>, vous nous préviendrez ?
   - **A** voix passive
   - **B** temps composé

4. Les plus jeunes <u>sont surveillés</u> par leurs grands frères.
   - **A** voix passive
   - **B** temps composé

5. Nous <u>sommes allés</u> au Portugal l'été dernier.
   - **A** voix passive
   - **B** temps composé

6. Tes copains <u>seront privés</u> de sortie s'ils continuent.
   - **A** voix passive
   - **B** temps composé

7. Les chatons <u>sont tombés</u> du lit, mais ils n'ont rien.
   - **A** voix passive
   - **B** temps composé

8. Ce compositeur <u>est né</u> en 1756 à Salzbourg.
   - **A** voix passive
   - **B** temps composé

9. Les malfaiteurs <u>ont été poursuivis</u> par les policiers.
   - **A** voix passive
   - **B** temps composé

---

**Astuce** Seuls 25 verbes forment leurs temps composés avec l'auxiliaire « **être** » dont : « aller » ; « arriver » ; « (r)entrer » ; « naître » ; « (re)partir » ; « (re)venir »... <u>Exemple</u> : *Il **est** parti tôt et il **est** revenu tard.* Dans la **voix passive**, le sujet subit l'action, l'action subie se construit avec l'auxiliaire « **être** » et le participe passé du verbe. <u>Exemple</u> : *Ils ont été **reçus** par le maire.*

# Module 42
## LES BASES

*Choisir le participe passé bien accordé :*

*Corrigé page 250*

1. Ma sœur est _____ sans vous.
   - **A** sorti
   - **B** sortie
   - **C** sorties

2. La comédienne a été _____ à la sortie.
   - **A** attendue
   - **B** attendu
   - **C** attendus

3. Ton frère et toi êtes _____ à la fête de Jules.
   - **A** invitées
   - **B** invité
   - **C** invités

4. Hugo, tu es _____ un peu trop tard.
   - **A** rentré
   - **B** rentrés
   - **C** rentrée

5. Tous les personnages sont _____ à la main.
   - **A** dessiné
   - **B** dessinées
   - **C** dessinés

6. Léa est _____ toute la soirée toute seule.
   - **A** resté
   - **B** restée
   - **C** restés

7. Un bouquet de roses a été _____ pour toi.
   - **A** déposé
   - **B** déposée
   - **C** déposées

8. Nous sommes _____ nous promener en forêt.
   - **A** parti
   - **B** partie
   - **C** partis

9. À quelle heure la directrice est-elle _____ ce matin ?
   - **A** passée
   - **B** passé
   - **C** passés

**Astuce** Lorsque le participe suit l'auxiliaire **être**, on l'accorde en genre et en nombre avec le sujet. Exemples : *Elle est **sortie** ; ils sont **attendus** par leurs parents.* Cette règle ne vaut pas toujours dans la forme pronominale : lorsque le verbe se conjugue avec un pronom réfléchi (« je me », « tu te », « il se », etc.).

VOTRE SCORE :

# Module 43
## LES BASES

**Focus** « son » ou « sont » ?

Corrigé page 251

*Quelle est la nature des mots soulignés ?*

1. <u>Son</u> père l'amène au cinéma toutes les semaines.
   - **A** Déterminant possessif
   - **B** Pronom possessif
   - **C** Verbe

2. Tous ces gens <u>sont</u> bien informés.
   - **A** Déterminant possessif
   - **B** Pronom possessif
   - **C** Verbe

3. As-tu vu <u>mon</u> agenda ?
   - **A** Déterminant possessif
   - **B** Pronom possessif
   - **C** Verbe

4. Où <u>sont</u> les cahiers d'exercices que j'ai laissés là-bas ?
   - **A** Déterminant possessif
   - **B** Pronom possessif
   - **C** Verbe

5. Karine a apporté mon sac, le <u>sien</u>, non.
   - **A** Déterminant possessif
   - **B** Pronom possessif
   - **C** Verbe

*Choisir le bon mot pour compléter la phrase :*

1. Je suis sûre qu'il a oublié _____ manteau.
   - **A** son
   - **B** sont
   - **C** le sien

2. Les collégiens n'ont pas écouté ton discours ni _____.
   - **A** sont
   - **B** son
   - **C** le sien

3. Les invités ne _____ toujours pas arrivés.
   - **A** le sien
   - **B** son
   - **C** sont

4. Il n'a pas reconnu _____ ancien professeur.
   - **A** sont
   - **B** le tien
   - **C** son

**Module 43**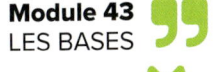
LES BASES

*Le mot souligné est-il correctement écrit ?*

1. <u>Sont</u> chat est très sage et ne miaule pas souvent.
   - A forme correcte
   - B forme incorrecte

2. <u>Son</u> avenir est tout tracé, il sait ce qu'il veut.
   - A forme correcte
   - B forme incorrecte

3. As-tu perdu <u>sont</u> téléphone ?
   - A forme correcte
   - B forme incorrecte

4. Il attend <u>sont</u> bulletin avec impatience.
   - A forme correcte
   - B forme incorrecte

5. Lisa attrape <u>son</u> imperméable et sort sous la pluie.
   - A forme correcte
   - B forme incorrecte

*La phrase est-elle correcte ?*

1. Ils sont très grands maintenant.
   - A forme correcte
   - B forme incorrecte

2. Quelles son les couleurs que tu as choisies ?
   - A forme correcte
   - B forme incorrecte

3. Les élèves ne sont pas assez attentifs aujourd'hui.
   - A forme correcte
   - B forme incorrecte

4. Tous les ballons sont dans l'armoire du gymnase.
   - A forme correcte
   - B forme incorrecte

**Astuce** Lorsque l'on peut remplacer le déterminant possessif « son » par les autres déterminants possessifs « mon » et « ton », il s'écrit : S, O, N. « **Sont** » (S, O, N, T) est le verbe (ou l'auxiliaire) « être » conjugué à la 3ᵉ personne du pluriel au présent. Il a forcément un sujet et peut être conjugué à d'autres temps *(étaient, seront, seraient)*.

# Module 44
## LES BASES

**Focus** « -é » ou « -er » ?

*Corrigé page 251*

*Quelle est la forme du verbe souligné dans les phrases suivantes ?*

1. Nous avons <u>apporté</u> notre console hier soir.
   - **A** participe passé
   - **B** infinitif

2. Nous devons <u>changer</u> d'heure cette nuit.
   - **A** participe passé
   - **B** infinitif

3. As-tu vu mon chat <u>passer</u> dans l'allée ?
   - **A** participe passé
   - **B** infinitif

4. Où avez-vous <u>trouvé</u> ce livre de français ?
   - **A** participe passé
   - **B** infinitif

5. Il ne devrait pas se <u>coucher</u> aussi tard.
   - **A** participe passé
   - **B** infinitif

*Choisir le bon mot pour compléter les phrases suivantes :*

1. J'ai peur qu'il ne pense pas à _____ la porte.
   - **A** fermé
   - **B** fermer
   - **C** fermée

2. Avez-vous _____ quand je lisais les règles du jeu ?
   - **A** écouter
   - **B** écouté
   - **C** écoutées

3. Nous n'avons pas pu _____ après les cours.
   - **A** restés
   - **B** rester
   - **C** resté

4. Elles ont _____ leur brevet.
   - **A** repassées
   - **B** repassée
   - **C** repassé

**Astuce** Les verbes du 1er groupe se terminent par **-er** à l'infinitif, c'est-à-dire lorsqu'ils ne sont pas conjugués (ils n'ont ni temps ni sujet). Pour être sûr que le verbe se termine par **-er**, on peut le remplacer par « faire » à l'infinitif. <u>Exemple</u> : *J'aime marcher > j'aime « faire » quelque chose.*

**Module 44**
LES BASES

*Le mot souligné est-il correctement écrit ?*

1. Qu'as-tu <u>pensé</u> du contrôle de géographie ?
   - **A** forme correcte
   - **B** forme incorrecte

2. Il ne sait pas encore <u>nagé</u> le crawl.
   - **A** forme correcte
   - **B** forme incorrecte

3. Quelques personnes ont <u>marcher</u> sur la pelouse.
   - **A** forme correcte
   - **B** forme incorrecte

4. Si j'ai fini de <u>travailler</u> à 18 heures, je pourrai sortir.
   - **A** forme correcte
   - **B** forme incorrecte

5. Ils ont sûrement <u>demandé</u> la permission à leurs parents.
   - **A** forme correcte
   - **B** forme incorrecte

*La phrase est-elle correcte ?*

1. Mes amis ont invité trente personnes à leur anniversaire.
   - **A** forme correcte
   - **B** forme incorrecte

2. Quelles sont les phrases que tu dois corrigées ?
   - **A** forme correcte
   - **B** forme incorrecte

3. Son oncle n'est jamais retourné dans son pays d'origine.
   - **A** forme correcte
   - **B** forme incorrecte

4. Le principal a convoquer plusieurs élèves dans son bureau.
   - **A** forme correcte
   - **B** forme incorrecte

> **Astuce** Le **participe passé** est une forme du verbe utilisée soit comme un adjectif (*Il est fatigué*), soit dans les temps composés (*Ludivine a nagé*), ou dans la voix passive (*Le courrier a été envoyé par les élèves*). Le participe passé des verbes du 1er groupe se termine par **-é**.

**Module 45**
LES BASES

**Focus** « a » ou « à » ?

Corrigé page 251

*Quelle est la nature du mot souligné dans les phrases suivantes ?*

1. Est-ce qu'il <u>a</u> retrouvé ses lunettes ?
   - **A** verbe
   - **B** préposition

2. Nous allons <u>à</u> l'école en car.
   - **A** verbe
   - **B** préposition

3. <u>A</u>-t-elle beaucoup d'amis dans sa nouvelle école ?
   - **A** verbe
   - **B** préposition

4. On n'<u>a</u> pas pu voir le film en entier, il était tard.
   - **A** verbe
   - **B** préposition

5. Le voisin de Lou souhaite s'inscrire <u>à</u> ce concours.
   - **A** verbe
   - **B** préposition

*Choisir le bon mot pour compléter les phrases suivantes :*

1. Oriane ne téléphone pas souvent _____ sa grand-mère.
   - **A** a
   - **B** à

2. Combien de livres _____-t-elle lu cette année ?
   - **A** a
   - **B** à

3. Ma cousine _____ toujours ses affaires de sport sur elle.
   - **A** a
   - **B** à

4. Savez-vous _____ quelle heure passe le bus ?
   - **A** a
   - **B** à

**Astuce** Le mot « à » est une préposition, c'est-à-dire un mot invariable qui introduit un complément. On peut trouver ce mot au début d'un complément circonstanciel *(Il arrive à Bordeaux à midi)*, d'un complément d'objet *(Je parle à ma voisine)*, d'un complément du nom *(Nous avons une machine à café)*.

# Module 45
## LES BASES

*Le mot souligné est-il correctement écrit ?*

**Corrigé page 251**

1. Qu'<u>a</u>-t-il envoyé aux parents d'élèves ?
   - A forme correcte
   - B forme incorrecte

2. Pauline <u>a</u> encore gagné la coupe !
   - A forme correcte
   - B forme incorrecte

3. Les souris ont réussi <u>a</u> se faufiler sous ce meuble.
   - A forme correcte
   - B forme incorrecte

4. Si tu as terminé tes devoirs <u>à</u> 18 heures, on pourra jouer.
   - A forme correcte
   - B forme incorrecte

5. Quel professeur <u>a</u> organisé le voyage en Angleterre ?
   - A forme correcte
   - B forme incorrecte

*La phrase est-elle correcte ?*

1. Elle a fait venir un clown a sa fête d'anniversaire.
   - A forme correcte
   - B forme incorrecte

2. Je ne sais plus à quelle heure tu devais partir.
   - A forme correcte
   - B forme incorrecte

3. Sa fille n'à jamais été aussi heureuse que cette année.
   - A forme correcte
   - B forme incorrecte

4. Les commerçants de la ville d'à côté ont décidé de décorer la rue.
   - A forme correcte
   - B forme incorrecte

**Astuce** Le mot « **a** » est le verbe **avoir** conjugué à la 3ᵉ personne du singulier (avec *il, elle, on, ceci*). On peut le trouver seul (*Elle a raison*) ou suivi d'un participe passé dans les temps composés (*On a compris*). Comme tout verbe, il peut se conjuguer à d'autres temps (*aura, avait, aurait, eut, ait*).

VOTRE SCORE :

# Module 46
## LES BASES

**Focus** « ou » ou « où » ?

*Corrigé page 251*

*Choisir le bon mot pour compléter les phrases suivantes :*

1. Morgane ne sait plus _____ elle a rangé sa trousse.
   - **A** ou
   - **B** où

2. Il y a trois _____ quatre ans, ils sont allés en Corse.
   - **A** ou
   - **B** où

3. Tu restes ici _____ tu préfères venir avec nous au parc ?
   - **A** ou
   - **B** où

4. Sais-tu _____ je peux trouver des bandes dessinées ?
   - **A** ou
   - **B** où

5. Ses parents viendront en juillet _____ en août.
   - **A** ou
   - **B** où

6. L'année _____ ils se sont rencontrés, il vivait en Espagne.
   - **A** ou
   - **B** où

7. Il va être ramené par son frère, sa sœur _____ ses parents.
   - **A** ou
   - **B** où

8. Attendons-nous dans la cour _____ il y a le panneau ?
   - **A** ou
   - **B** où

9. Julien ne sait pas s'il va prendre de la viande _____ du poisson.
   - **A** ou
   - **B** où

10. Tu le retrouveras, _____ qu'il soit.
    - **A** ou
    - **B** où

---

**Astuce** Le mot « **ou** » est une conjonction de coordination, c'est-à-dire un mot invariable qui relie des mots ou des groupes de mots de même nature et/ou de même fonction. Cette conjonction exprime un choix (*Veux-tu un thé **ou** un chocolat ?*) ou une évaluation d'un nombre (*Ils étaient 7 ou 8*). On peut remplacer « ou » par « ou bien ».

# Module 46
## LES BASES

*Le mot souligné est-il correctement écrit ?*

Corrigé page 251

1. <u>Où</u> va-t-elle trouver un nouveau cartable ?
   - **A** forme correcte
   - **B** forme incorrecte

2. Il lui offre des roses <u>où</u> des magnolias chaque dimanche.
   - **A** forme correcte
   - **B** forme incorrecte

3. Elle fait 4 <u>ou</u> 5 kilomètres par jour à vélo.
   - **A** forme correcte
   - **B** forme incorrecte

4. Elles ne savent pas encore <u>ou</u> elles vont atterrir.
   - **A** forme correcte
   - **B** forme incorrecte

5. Peux-tu me dire <u>où</u> tu as acheté ta robe ?
   - **A** forme correcte
   - **B** forme incorrecte

*La phrase est-elle correcte ?*

1. Tu veux manger à la cantine où chez toi ?
   - **A** forme correcte
   - **B** forme incorrecte

2. Nous ne savons pas où il se cache.
   - **A** forme correcte
   - **B** forme incorrecte

3. Louis ou Lucas gagnera la partie, j'en suis certain.
   - **A** forme correcte
   - **B** forme incorrecte

4. Nous allons ou nous voulons grâce à notre chauffeur.
   - **A** forme correcte
   - **B** forme incorrecte

**Astuce** Le mot « où » est un adverbe (*Où est la gare ?*) ou un pronom (*La ville où tu es installé est agréable*). Il peut indiquer ou introduire un lieu (*Où vas-tu ?*) ou un temps (*Je pense à l'année où tu es arrivé ici*).

VOTRE SCORE :

# Module 47
## LES BASES

**Focus** « ça » ou « sa » ?

*Corrigé page 252*

*Quelle est la nature du mot souligné dans les phrases suivantes ?*

1. <u>Sa</u> sœur nous apporte des tartes au citron dimanche.
   - **A** Déterminant possessif
   - **B** Pronom démonstratif

2. Je ne souhaite pas que <u>ça</u> gâche la fête.
   - **A** Déterminant possessif
   - **B** Pronom démonstratif

3. Ne pense pas à <u>ça</u>, tu t'inquiètes pour rien.
   - **A** Déterminant possessif
   - **B** Pronom démonstratif

4. Où est <u>sa</u> valise d'après vous ?
   - **A** Déterminant possessif
   - **B** Pronom démonstratif

5. Caroline ne veut pas que <u>ça</u> se sache.
   - **A** Déterminant possessif
   - **B** Pronom démonstratif

*Choisir le bon mot pour compléter les phrases suivantes :*

1. Lisa attend _____ cousine devant la maison.
   - **A** ça
   - **B** sa

2. Quel talent ! On peut dire que _____ fonctionne bien !
   - **A** ça
   - **B** sa

3. Tu viens si _____ te fait plaisir, bien sûr.
   - **A** ça
   - **B** sa

4. Hugo a laissé passer _____ chance, c'est trop tard maintenant...
   - **A** ça
   - **B** sa

**Astuce** Le mot « **ça** » est un pronom démonstratif, il remplace un ensemble de mots et peut remplir la fonction de sujet du verbe (***Ça** m'arrange bien*) ou de complément (*Je ne pense pas à **ça***). On peut remplacer « **ça** » par « **cela** », car « **ça** » est la version abrégée et familière de « **cela** ».

**Module 47**
LES BASES

*Le mot souligné est-il correctement écrit ?*

**Corrigé page 252**

1. <u>Sa</u> vous va si on mange après le film ?
   - **A** forme correcte
   - **B** forme incorrecte

2. Il lui offre des chocolats et <u>ça</u> lui fait plaisir.
   - **A** forme correcte
   - **B** forme incorrecte

3. Est-ce que <u>sa</u> sœur fait des claquettes ?
   - **A** forme correcte
   - **B** forme incorrecte

4. Monsieur Flanchon a confié <u>ça</u> jument à l'éleveur.
   - **A** forme correcte
   - **B** forme incorrecte

5. Si <u>ça</u> lui plaît, on pourra revenir en famille.
   - **A** forme correcte
   - **B** forme incorrecte

*La phrase est-elle correcte ?*

1. Quand tu sens que ça mord, tu peux tirer sur la ligne.
   - **A** forme correcte
   - **B** forme incorrecte

2. Nous ne connaissons pas ça mère.
   - **A** forme correcte
   - **B** forme incorrecte

3. Sa cousine nous a prévenus qu'elle serait en retard.
   - **A** forme correcte
   - **B** forme incorrecte

4. Je ne pense que sa soit un problème pour eux de venir deux fois.
   - **A** forme correcte
   - **B** forme incorrecte

**Astuce** Le mot « **sa** » est un déterminant possessif, c'est-à-dire un mot qui accompagne un nom commun et qui indique son possesseur. « **Sa** » précède un nom féminin singulier (*sa sœur* ; *sa valise*). On peut remplacer « **sa** » + le nom par « **la sienne** » (qui est un pronom possessif).

# Module 48
## LES BASES

**Focus** « dans » ou « d'en » ?

*Corrigé page 252*

*Choisir le bon mot pour compléter les phrases suivantes :*

1. Inès a commandé des livres et attend _____ recevoir un.
   - A dans
   - B d'en

2. Je ne sais pas _____ combien de temps il va arriver.
   - A dans
   - B d'en

3. J'ai rangé mes jouets _____ le placard.
   - A dans
   - B d'en

4. Il faut arrêter _____ parler tout le temps !
   - A dans
   - B d'en

5. Lucas a des bonbons et refuse _____ donner à son frère.
   - A dans
   - B d'en

6. Mes amis arrivent _____ deux heures.
   - A dans
   - B d'en

7. Ce jeu est compliqué, il est important _____ expliquer les règles.
   - A dans
   - B d'en

8. Ces hommes peuvent vivre seuls _____ une grotte.
   - A dans
   - B d'en

9. Son oncle aime le cinéma et rêve _____ faire son métier.
   - A dans
   - B d'en

10. Si tu regardes _____ ce tiroir, tu trouveras la recette.
    - A dans
    - B d'en

**Astuce** Le mot « **dans** » est une préposition, c'est-à-dire un mot invariable qui introduit un complément *(Il arrive **dans** une heure ; Elle est **dans** le jardin).*

**Module 48**
LES BASES

*Le mot souligné est-il correctement écrit ?*

*Corrigé page 252*

1. Elle aime ces jeux et a envie <u>dans</u> acheter un.
   - **A** forme correcte
   - **B** forme incorrecte

2. Tes amis t'attendent <u>dans</u> le préau.
   - **A** forme correcte
   - **B** forme incorrecte

3. Ma cousine m'a promis <u>d'en</u> commander.
   - **A** forme correcte
   - **B** forme incorrecte

4. Le principal est resté <u>d'en</u> son bureau.
   - **A** forme correcte
   - **B** forme incorrecte

5. Cette pâtée sent fort, ces chiens refusent <u>d'en</u> manger.
   - **A** forme correcte
   - **B** forme incorrecte

*La phrase est-elle correcte ?*

1. Es-tu certain d'en vouloir encore à ton ami ?
   - **A** forme correcte
   - **B** forme incorrecte

2. Dans ce livre, tu trouveras toutes les explications.
   - **A** forme correcte
   - **B** forme incorrecte

3. On a besoin de photos, sa sœur nous a demandé dans prendre.
   - **A** forme correcte
   - **B** forme incorrecte

4. D'en un mois, je passe le brevet.
   - **A** forme correcte
   - **B** forme incorrecte

**Astuce** On écrit « **d'en** » devant un verbe à l'infinitif *(On vient **d'en** faire une)*, c'est la contraction de « de + en » (le « e » a été remplacé par une apostrophe).

## Module 49
### LES BASES

**Focus** « vous parler » ou « vous parlez » ?

*Corrigé page 252*

*Choisir le bon mot pour compléter les phrases suivantes :*

1. Nous ne voulons pas vous _____, nous repartons.
   - **A** déranger
   - **B** dérangez

2. Est-ce que vous _____ souvent d'elle ?
   - **A** rêver
   - **B** rêvez

3. Je vais sûrement vous _____ mon vélo.
   - **A** prêter
   - **B** prêtez

4. Sais-tu si vous _____ faire du ski ?
   - **A** aller
   - **B** allez

5. Mélanie n'a pas voulu vous _____ à monter ce meuble.
   - **A** aider
   - **B** aidez

6. Vous _____ des poèmes devant la classe.
   - **A** réciter
   - **B** récitez

7. Cet été, nous allons vous _____ des cartes postales.
   - **A** envoyer
   - **B** envoyez

8. _____-vous que vous viendrez à la fête ?
   - **A** Pensez
   - **B** Penser

9. Voulez-vous _____ cet appareil au magasin ?
   - **A** rapportez
   - **B** rapporter

10. Les enfants, vous n'_____ pas les instructions !
    - **A** écoutez
    - **B** écouter

---

**Astuce** On écrit « vous parl**ez** » (ou d'autres verbes comme : *finissez, voulez, mettez, prenez*...) lorsque l'on conjugue ce verbe à la 2ᵉ personne du pluriel, c'est donc bien le sujet qui fait l'action. <u>Exemple</u> : *Vous **arrivez** tôt et vous **repartez** tard.*

**Module 49**
**LES BASES**

*Le mot souligné est-il correctement écrit ?*

1. Je viens vous <u>racontez</u> une histoire.
   - A forme correcte
   - B forme incorrecte

2. Vos amis vont vous <u>chanter</u> une chanson italienne.
   - A forme correcte
   - B forme incorrecte

3. Ils veulent vous <u>ramenez</u> chez vous ce soir.
   - A forme correcte
   - B forme incorrecte

4. Vous <u>souhaitez</u> venir nous voir demain, nous serons là.
   - A forme correcte
   - B forme incorrecte

5. Est-ce que vous <u>écouter</u> de la musique le soir ?
   - A forme correcte
   - B forme incorrecte

*Corrigé page 252*

*La phrase est-elle correcte ?*

1. Vous ne pouvez pas vous empêchez de rire.
   - A forme correcte
   - B forme incorrecte

2. Le professeur va vous interroger sur cette leçon.
   - A forme correcte
   - B forme incorrecte

3. Vous ne téléphonez plus à vos amis, vous leur envoyez des textos.
   - A forme correcte
   - B forme incorrecte

4. Théo va vous proposez différentes dates.
   - A forme correcte
   - B forme incorrecte

**Astuce** On écrit « vous parler » (ou tout autre verbe à l'infinitif comme : *finir, vouloir, prendre, faire*...) lorsque ce verbe suit un autre verbe conjugué. Le pronom « vous » n'est alors pas le sujet du verbe, mais le complément d'objet du verbe à l'infinitif.
<u>Exemple</u> : *Il vient vous aider* (*Il vient aider qui ? vous*).

**Module 50**
LES BASES

**Focus** « on » ou « ont » ?

*Corrigé page 252*

*Choisir le bon mot pour compléter les phrases suivantes :*

1. Je pense que l'_____ doit faire moins de bruit.
   - **A** on
   - **B** ont

2. Est-ce que les invités _____ apporté quelque chose ?
   - **A** on
   - **B** ont

3. Mes parents _____ rencontré notre professeur.
   - **A** on
   - **B** ont

4. Sais-tu si _____ peut jouer du piano ?
   - **A** on
   - **B** ont

5. Est-ce qu'_____ aura la correction des exercices ?
   - **A** on
   - **B** ont

6. Les élèves n'_____ pas compris les instructions.
   - **A** on
   - **B** ont

7. Penses-tu que ses copains _____ envie de venir ?
   - **A** on
   - **B** ont

8. _____-ils dû chanter devant les autres ?
   - **A** On
   - **B** Ont

9. Il nous a dit qu'_____ danserait.
   - **A** on
   - **B** ont

10. _____ ne fait pas d'omelette sans casser des œufs.
    - **A** On
    - **B** Ont

**Astuce** Le mot « **on** » est un pronom personnel, il est toujours sujet d'un verbe. Il peut être utilisé pour : « quelqu'un », « nous » ou « chacun ». Le verbe se conjugue à la 3ᵉ personne du singulier. <u>Exemple</u> : ***On** arrive tout à l'heure* (= *nous arrivons*). Vous pouvez remplacer « **on** » par « il » ou « elle ».

# Module 50
## LES BASES

*Le mot souligné est-il correctement écrit ?*

**Corrigé page 252**

1. Veut-il qu'<u>ont</u> assiste à son concert ?
   - A forme correcte
   - B forme incorrecte

2. Les fleurs <u>ont</u> fané pendant les vacances.
   - A forme correcte
   - B forme incorrecte

3. Ce qu'<u>ont</u> ne sait pas, c'est s'il faut payer l'entrée.
   - A forme correcte
   - B forme incorrecte

4. <u>On</u> a souvent besoin de lire le texte plusieurs fois.
   - A forme correcte
   - B forme incorrecte

5. Est-ce qu'elles <u>on</u> entendu les oiseaux chanter ?
   - A forme correcte
   - B forme incorrecte

*La phrase est-elle correcte ?*

1. Quand on arrivera, on mangera ensemble.
   - A forme correcte
   - B forme incorrecte

2. Quand ont-elles vu cette pièce de théâtre ?
   - A forme correcte
   - B forme incorrecte

3. Les clients on attendu les soldes pour acheter des vêtements.
   - A forme correcte
   - B forme incorrecte

4. Ont vous a promis de vous appeler en arrivant.
   - A forme correcte
   - B forme incorrecte

---

**Astuce** Le mot « **ont** » est le verbe/auxiliaire « avoir » conjugué à la 3ᵉ personne du pluriel. Il a pour sujet « ils » ou « elles ».
<u>Exemples</u> : *Ils **ont** vu des papillons ; elles **ont** des amis.*
On peut changer le verbe de temps et le remplacer par : « avaient », « auront », « auraient ».

## Module 51
## LES BASES

**Focus** « je le savais » ou « je le savait » ?

*Corrigé page 253*

*Choisir le bon mot pour compléter les phrases suivantes :*

1. Tous les jours, tu l'_____ au collège.
   - **A** emmenais
   - **B** emmenait

2. Si j'_____ le temps, je viendrais à ta fête.
   - **A** avais
   - **B** avait

3. Est-ce que le professeur te _____ ?
   - **A** parlais
   - **B** parlait

4. Je ne le _____ pas, tu me l'apprends.
   - **A** savais
   - **B** savait

5. Tu les _____ quand ils t'ont raconté cette histoire.
   - **A** écoutais
   - **B** écoutait

6. Mon copain ne _____ pas me croire.
   - **A** voulais
   - **B** voulait

7. Lou _____ que c'était ton chat.
   - **A** pensais
   - **B** pensait

8. Quand on _____ à ce jeu, on riait beaucoup.
   - **A** jouais
   - **B** jouait

9. Je ne _____ jamais le petit-déjeuner.
   - **A** préparais
   - **B** préparait

10. C'est toi qui le _____, pas moi.
    - **A** connaissais
    - **B** connaissait

**Astuce** Les terminaisons des verbes à l'imparfait sont les suivantes : **-ais** *(je)* ; **-ais** *(tu)* ; -ait *(il/elle/on)* ; -ions *(nous)* ; -iez *(vous)* ; -aient *(ils/elles)*.

# Module 51
## LES BASES

*Le mot souligné est-il correctement écrit ?*

1. <u>Prenait</u>-il le train tous les étés ?
   - **A** forme correcte
   - **B** forme incorrecte

2. Je ne <u>comprenait</u> jamais ses explications.
   - **A** forme correcte
   - **B** forme incorrecte

3. Est-ce que tu <u>savais</u> que Thomas était dans sa classe ?
   - **A** forme correcte
   - **B** forme incorrecte

4. Elle croyait que tu <u>allait</u> la défendre.
   - **A** forme correcte
   - **B** forme incorrecte

5. Tu lui <u>devais</u> 5 euros, tu les lui as rendu ?
   - **A** forme correcte
   - **B** forme incorrecte

*La phrase est-elle correcte ?*

1. Quand j'arrivais, le chien courait vers moi.
   - **A** forme correcte
   - **B** forme incorrecte

2. Si tu faisait plus attention, tu ne casserais pas les verres.
   - **A** forme correcte
   - **B** forme incorrecte

3. Je me promenais souvent dans cette forêt.
   - **A** forme correcte
   - **B** forme incorrecte

4. C'est moi qui avait ton sac…
   - **A** forme correcte
   - **B** forme incorrecte

> **Astuce** L'imparfait est un temps de l'indicatif qui sert à exprimer une action qui se déroule dans le passé :
> - Une description *(La maison **était** grande)*
> - Une répétition *(Je **faisais** du vélo tous les jours)*
> - Une hypothèse *(Et si vous **alliez** le voir ?)*

## Module 52
### LES BASES

**Focus** « nous nous amusons »

*Corrigé page 253*

*Choisir le bon mot pour compléter les phrases suivantes :*

1. Est-ce que nous _____ nos billets ?
   - **A** avont
   - **B** avons

2. Nous nous _____ tous les matins devant la grille.
   - **A** retrouvont
   - **B** retrouvons

3. Si nous ne _____ pas plus vite, nous allons rater le bus.
   - **A** marchons
   - **B** marchont

4. Quand mon frère et moi _____, le repas est prêt.
   - **A** arrivont
   - **B** arrivons

5. Nous les _____ pour commencer.
   - **A** attendons
   - **B** attendont

6. Théo et moi ne _____ pas les règles du jeu.
   - **A** connaissont
   - **B** connaissons

7. Je ne sais pas si nous _____ prendre des photos.
   - **A** pouvons
   - **B** pouvont

8. Il pense que nous nous _____ en classe.
   - **A** ennuyons
   - **B** ennuyont

9. Nous n'en _____ pas à notre ami.
   - **A** voulont
   - **B** voulons

10. C'est nous qui nous _____ du cadeau.
    - **A** occupons
    - **B** occupont

**Astuce** Conjugués au présent à la 1re personne du pluriel (*nous* en sujet), les verbes se terminent tous par **-ons** *(Nous chant**ons** et dans**ons**).* <u>Seule exception</u> : *Nous **sommes*** (verbe « être »).

**Module 52**
LES BASES

*Le mot souligné est-il correctement écrit ?*

1. <u>Faisons</u>-nous une photo ensemble ?
   - **A** forme correcte
   - **B** forme incorrecte

2. Nous <u>appelont</u> nos cousins à Noël.
   - **A** forme correcte
   - **B** forme incorrecte

3. Est-ce que nous <u>allons</u> nous voir pendant les vacances ?
   - **A** forme correcte
   - **B** forme incorrecte

4. Nous ne nous <u>croisons</u> pas souvent.
   - **A** forme correcte
   - **B** forme incorrecte

5. Nous lui <u>chantons</u> sa chanson préférée.
   - **A** forme correcte
   - **B** forme incorrecte

*La phrase est-elle correcte ?*

1. Quand nous repartons, la souris nous suit.
   - **A** forme correcte
   - **B** forme incorrecte

2. Si nous écoutont mieux le cours, nous comprendrons.
   - **A** forme correcte
   - **B** forme incorrecte

3. Lorsque nous allons au cinéma, il parle trop.
   - **A** forme correcte
   - **B** forme incorrecte

4. C'est nous qui changeont nos numéros.
   - **A** forme correcte
   - **B** forme incorrecte

**Astuce** Lorsque le groupe sujet contient le pronom *moi* en plus d'autres personnes, on peut remplacer ce sujet par le pronom *nous*. <u>Exemple</u> : *Son père **et moi** (= nous) venons ce soir.*

## Module 53
### LES BASES

**Focus** « tu manges » et « tu mangeras »

*Corrigé page 253*

*Choisir le bon mot pour compléter les phrases suivantes :*

1. Est-ce que tu _____ ta carte d'identité ?
   - **A** a
   - **B** as

2. C'est toi qui t'_____ Juliette ?
   - **A** appelles
   - **B** appelle

3. Tu ne _____ pas me rattraper.
   - **A** pourra
   - **B** pourras

4. Je ne sais pas si tu le _____ là-bas.
   - **A** rencontrera
   - **B** rencontreras

5. Qui _____-tu voir après les cours ?
   - **A** voudras
   - **B** voudra

6. Si tu _____, tu seras à l'heure à ton rendez-vous.
   - **A** court
   - **B** cours

7. Il ne pense pas que tu y _____ toute seule.
   - **A** arrivera
   - **B** arriveras

8. Yann t'attend, tu le _____ ?
   - **A** rejoins
   - **B** rejoint

9. Quel film _____-tu regarder ?
   - **A** va
   - **B** vas

10. Il faut que tu _____ plus attention en traversant.
    - **A** fasse
    - **B** fasses

**Module 53**
LES BASES

*Le mot souligné est-il correctement écrit ?*

1. <u>Crois</u>-tu que nous serons invités ?
   - **A** forme correcte
   - **B** forme incorrecte

2. Tu ne <u>sait</u> pas nager la brasse papillon.
   - **A** forme correcte
   - **B** forme incorrecte

3. J'aimerais que tu <u>mette</u> ton manteau.
   - **A** forme correcte
   - **B** forme incorrecte

4. C'est toi qui m'<u>expliqueras</u> l'exercice.
   - **A** forme correcte
   - **B** forme incorrecte

5. Océane ne veut pas que tu <u>joues</u> avec elle.
   - **A** forme correcte
   - **B** forme incorrecte

*La phrase est-elle correcte ?*

1. Quand tu iras le chercher, prends ta trottinette.
   - **A** forme correcte
   - **B** forme incorrecte

2. À chaque fois que tu m'écrit, je ris beaucoup.
   - **A** forme correcte
   - **B** forme incorrecte

3. Tu parles très bien espagnol depuis cette année.
   - **A** forme correcte
   - **B** forme incorrecte

4. Ce n'est pas toi qui choisit la musique.
   - **A** forme correcte
   - **B** forme incorrecte

**Astuce** Conjugués à la 2ᵉ personne du singulier (*tu* ou *toi* en sujet), les verbes se terminent presque toujours par **-s** (*Tu allai**s**, tu va**s**, tu ira**s**, tu irai**s**, que tu aille**s***). <u>Seules exceptions</u> : *Tu peux, vaux, veux* et les verbes du 1ᵉʳ groupe à l'impératif (*Écoute ! Chante ! Regarde !*).

## Module 54
LES BASES

**Focus** « la », « l'a(s) » ou « là »

Corrigé page 253

*De quelle nature est le mot souligné dans les phrases suivantes ?*

1. Je ne sais pas s'il l'a vu hier.
   - A pronom
   - B adverbe

2. C'est toi qui l'as reçu finalement.
   - A pronom
   - B adverbe

3. Nous ne serons pas là quand tu arriveras.
   - A pronom
   - B adverbe

4. Cette règle est compliquée, je ne la comprends pas.
   - A pronom
   - B adverbe

5. Ce colis a été reçu, celui-là n'est pas arrivé.
   - A pronom
   - B adverbe

*Les mots soulignés sont-ils correctement écrits ?*

1. Ce foulard, il la offert à sa mère l'an dernier.
   - A forme correcte
   - B forme incorrecte

2. Si vous passez par là, nous nous verrons.
   - A forme correcte
   - B forme incorrecte

3. Je ne l'a crois pas, elle ment souvent.
   - A forme correcte
   - B forme incorrecte

4. Tu ne l'as pas assez préparé, ça se voit.
   - A forme correcte
   - B forme incorrecte

**Astuce** Le mot « **là** » est un adverbe de lieu, que l'on peut remplacer par « là-bas ». Exemple : *Il vous attend **là**.* « **Là** » peut aussi renforcer un démonstratif. Exemples : *Je voudrais celui-**là** ; Ce soir-**là**, il comprit.*

# Module 54
## LES BASES

*Choisir le bon mot pour compléter les phrases suivantes :*

**Corrigé page 253**

1. Où est ma clé ? Je ne _____ trouve pas.
   - A la
   - B là
   - C l'as

2. J'aime cette chanson, tu _____ apprise ici ?
   - A la
   - B l'as
   - C là

3. Ce n'est pas lui qui _____ demandé.
   - A là
   - B l'a
   - C l'as

4. Est-ce que nous allons _____ voir bientôt ?
   - A la
   - B là
   - C l'as

5. Dès que tu as vu ce chat, tu _____ aimé.
   - A la
   - B l'a
   - C l'as

6. Pourrons-nous laisser nos affaires _____ ?
   - A la
   - B là
   - C l'as

7. Flore est généreuse, il ne sait pas comment _____ remercier.
   - A la
   - B l'a
   - C là

8. C'est toi qui _____ attendu devant la gare.
   - A là
   - B la
   - C l'as

9. Vous allez pouvoir _____ rapporter chez vous, cette carte.
   - A la
   - B l'a
   - C l'as

---

**Astuce** Dans des phrases où ils remplacent un groupe nominal ayant pour fonction COD, les mots « **le** » et « **la** » sont pronoms (comme *les, me, te, vous*...). <u>Exemple</u> : *Il regarde cette voiture de course.* > *Il **la** regarde.* Quand le verbe est conjugué au passé composé, « **le** » et « **la** » s'élident, c'est-à-dire qu'on remplace le « a » ou le « e » par une apostrophe. <u>Exemples</u> : *Il a vu cette pièce.* > *Il **l'a** vue* (la + a > l' + a > l'a) ; *Tu as offert ce tableau.* > *Tu **l'as** offert* (le + as > l' + as > l'as).

VOTRE SCORE :

# Module 55
## LES BASES

**Focus** « je peux » et « je veux »

*Corrigé page 253*

*Le verbe souligné est-il correctement écrit ?*

1. Est-ce que tu <u>peux</u> venir nous voir à la fin du cours ?
   - A forme correcte
   - B forme incorrecte

2. C'est elle qui <u>peut</u> vous renseigner sur le programme.
   - A forme correcte
   - B forme incorrecte

3. On ne <u>veux</u> pas qu'il soit dans notre équipe.
   - A forme correcte
   - B forme incorrecte

4. Je pense que le jeu en <u>vaux</u> la chandelle.
   - A forme correcte
   - B forme incorrecte

5. Si tu <u>veut</u>, on ira se baigner ce week-end.
   - A forme correcte
   - B forme incorrecte

6. Je <u>peux</u> t'aider à apprendre cette poésie.
   - A forme correcte
   - B forme incorrecte

7. Arrête de t'inquiéter, ça n'en <u>vaut</u> pas la peine.
   - A forme correcte
   - B forme incorrecte

8. C'est toi qui ne <u>veut</u> pas venir, je t'ai invité.
   - A forme correcte
   - B forme incorrecte

9. Nous partons quand tu <u>veux</u> faire du ski.
   - A forme correcte
   - B forme incorrecte

10. Je ne <u>veux</u> pas les déranger pendant le film.
    - A forme correcte
    - B forme incorrecte

**Astuce** Aux deux premières personnes du singulier (*je* et *tu*), les verbes *pouvoir*, *vouloir* et *valoir* font leur terminaison en « **x** » : *Je, tu* → *peu**x**, veu**x**, vau**x***.

# Module 55
## LES BASES

*Choisir le mot correct pour compléter les phrases suivantes :*

**Corrigé page 253**

1. Je pense qu'elle ne _____ pas rentrer tard.
   - **A** peux
   - **B** peut

2. Est-ce toi qui _____ un chocolat chaud ?
   - **A** veut
   - **B** veux

3. Cette exposition _____ le détour !
   - **A** vaux
   - **B** vaut

4. Je fais ce que je _____, j'ai peu de temps !
   - **A** peux
   - **B** peut

5. Je suis certain que tu _____ le lui demander.
   - **A** peut
   - **B** peux

6. Cet élève _____ vraiment réussir.
   - **A** veux
   - **B** veut

7. Pauline _____ te faire visiter la maison.
   - **A** peux
   - **B** peut

8. S'il _____ m'attendre, c'est mieux, je ne suis pas prête.
   - **A** peut
   - **B** peux

9. Comment _____-tu comprendre ? tu n'écoutes pas !
   - **A** veut
   - **B** veux

10. Combien _____ ce livre d'histoire ?
    - **A** vaux
    - **B** vaut

---

**Astuce** À la 3ᵉ personne du singulier (*il*, *elle* et *on*), les verbes *pouvoir*, *vouloir* et *valoir* font leur terminaison en « **t** » : *Il, elle, on* ➜ *peut, veut, vaut*.

VOTRE SCORE :

# Module 56
## LES BASES

**Focus** « il travaille »

Corrigé page 254

*Quelle est la nature du mot souligné ?*

1. Nous avons beaucoup trop de <u>travail</u> pour sortir.
   - **A** verbe
   - **B** nom

2. Le directeur <u>détaille</u> tout le programme pour nous.
   - **A** verbe
   - **B** nom

3. Tu me donnes souvent de bons <u>conseils</u>.
   - **A** verbe
   - **B** nom

4. Quand il <u>travaille</u>, il ne faut pas le déranger.
   - **A** verbe
   - **B** nom

5. Bravo pour ce beau <u>travail</u> !
   - **A** verbe
   - **B** nom

6. Vous n'aviez pas vu tous les <u>détails</u> du dessin.
   - **A** verbe
   - **B** nom

7. Ma sœur se <u>réveille</u> à 7 heures tous les matins.
   - **A** verbe
   - **B** nom

8. Je te <u>conseille</u> de lire ce très bon livre.
   - **A** verbe
   - **B** nom

9. Un <u>détail</u> sur ce tissu m'a étonnée.
   - **A** verbe
   - **B** nom

10. Veux-tu un <u>conseil</u> pour ce soir ?
    - **A** verbe
    - **B** nom

**Astuce** Les mots « cons**eil** », « rév**eil** », « trav**ail** », « dét**ail** » sont des noms communs masculins. On peut mettre les déterminants (*ce, mon, le, un, du*...) devant ces noms.
<u>Exemples</u> : *Le réveil a été difficile ; j'ai du travail ; c'est un détail.*

**Module 56**
LES BASES

*Choisir le bon mot pour compléter les phrases suivantes :*

**Corrigé page 254**

1. Elle ne _____ pas assez pour réussir son contrôle.
   - **A** travaille
   - **B** travail

2. Je t'ai envoyé tous les _____ pour demain.
   - **A** détailles
   - **B** détails

3. Son chat me _____ toutes les nuits !
   - **A** réveil
   - **B** réveille

4. Il nous _____ ce film, il l'a fait rire.
   - **A** conseil
   - **B** conseille

5. Ce _____ est-il terminé ?
   - **A** travail
   - **B** travaille

6. Mon meilleur ami _____ cette histoire...
   - **A** détaille
   - **B** détail

7. Son _____ est bon à prendre, c'est certain.
   - **A** conseil
   - **B** conseille

8. Je ne _____ pas en août, je suis en vacances.
   - **A** travail
   - **B** travaille

9. À son _____, il était guéri !
   - **A** réveil
   - **B** réveille

10. Le _____ de classe s'est très bien passé.
    - **A** conseil
    - **B** conseille

---

**Astuce** Les mots « cons**eille** », « rév**eille** », « trav**aille** », « dét**aille** » sont des **verbes** conjugués à la 1re ou 3e personne du singulier (*je* ou *il, elle, on*), ce sont des **actions** qui ont un sujet. On peut les conjuguer à un autre temps. Exemples : *Je me réveille (réveillerai, réveillais) tôt ; Elle travaille (travaillera, travaillait) ici.*

# Module 57
## LES BASES

**Focus** « si » ou « s'y »

*Corrigé page 254*

*Les mots soulignés sont-ils correctement écrits ?*

1. Je viens après les cours <u>si</u> tu veux.
   - **A** correct
   - **B** incorrect

2. Il ne sait pas <u>s'y</u> nous arriverons avant lui.
   - **A** correct
   - **B** incorrect

3. Est-ce qu'elle <u>s'y</u> connaît un peu en musique ?
   - **A** correct
   - **B** incorrect

4. <u>Si</u> tu cours plus vite, tu nous rattraperas.
   - **A** correct
   - **B** incorrect

5. On aime cette plage, on <u>si</u> promène souvent.
   - **A** correct
   - **B** incorrect

6. Tu seras au collège à midi, on <u>s'y</u> retrouvera.
   - **A** correct
   - **B** incorrect

7. Ce test est <u>s'y</u> important qu'il est angoissé !
   - **A** correct
   - **B** incorrect

8. Nous ne savons pas <u>si</u> nous avons bien fait de venir.
   - **A** correct
   - **B** incorrect

9. Et <u>s'y</u> on s'inscrivait dans un cours de théâtre ?
   - **A** correct
   - **B** incorrect

10. Ses cousines <u>s'y</u> prennent mal pour lui parler.
    - **A** correct
    - **B** incorrect

**Astuce** Le mot « si » est une conjonction, un adverbe et un nom. Il peut introduire une hypothèse, une condition (*Si tu venais...*), renforcer un adjectif (*C'est si beau*) ou renforcer une réponse (*Tu ne viens pas ? Si, je viens*).

# Module 57
## LES BASES

*Choisir le bon mot pour compléter les phrases suivantes :*

**Corrigé page 254**

1. Elle ne _____ attendait pas du tout, elle est surprise.
   - A si
   - B s'y

2. Demain, _____ Iris vient, nous jouerons aux cartes.
   - A si
   - B s'y

3. Mince, _____ j'avais su, j'aurais préparé un discours !
   - A si
   - B s'y

4. On aime cet endroit, on _____ amuse beaucoup.
   - A si
   - B s'y

5. Et _____ ce qu'elle disait était vrai ?
   - A si
   - B s'y

6. Gabriel ne _____ intéresse pas, inutile de lui en parler.
   - A si
   - B s'y

7. Elle n'aime pas cette école, mais elle va _____ faire des amis.
   - A si
   - B s'y

8. Les enfants _____ mettent à plusieurs pour repeindre.
   - A si
   - B s'y

9. Ton père sait _____ tu as de bonnes notes.
   - A si
   - B s'y

**Astuce** Dans « **s'y** », il y a deux mots : les pronoms « se » et « y ». Le pronom « y » peut remplacer un lieu ou un complément d'objet indirect. <u>Exemples</u> : *Il se rend au cinéma > il **s'y** rend* ; *Il se prépare à partir > il **s'y** prépare*. Si, dans la phrase, vous pouvez remplacer « **s'y** » par « **se** », c'est qu'il faut écrire « **s'y** ».

VOTRE SCORE :

## Module 58
### LES BASES

**Focus** « est » ou « et »

*Corrigé page 254*

*Quelle est la nature des mots soulignés dans les phrases suivantes ?*

1. Ton ami <u>est</u> arrivé en retard ce matin.
   - **A** conjonction
   - **B** verbe être

2. On croise la voisine <u>et</u> on l'évite.
   - **A** conjonction
   - **B** verbe être

3. Luce <u>et</u> Jeanne sont amies depuis l'enfance.
   - **A** conjonction
   - **B** verbe être

4. <u>Est</u>-elle perdue dans la forêt ?
   - **A** conjonction
   - **B** verbe être

5. On <u>est</u> vraiment contents que tu sois ici.
   - **A** conjonction
   - **B** verbe être

6. Tu es dans la classe <u>et</u> tu fais du bruit.
   - **A** conjonction
   - **B** verbe être

7. Ce pull <u>et</u> cette chemise te vont bien.
   - **A** conjonction
   - **B** verbe être

8. S'il <u>est</u> trop tôt, nous repasserons.
   - **A** conjonction
   - **B** verbe être

9. Quelqu'un <u>est</u> entré dans la maison hier.
   - **A** conjonction
   - **B** verbe être

10. Ses frères <u>et</u> sœurs se disputent souvent.
    - **A** conjonction
    - **B** verbe être

---

**Astuce** Le mot « **et** » est une conjonction de coordination, c'est-à-dire un mot qui permet de relier deux mots/deux groupes de mots de même nature et/ou fonction.
<u>Exemples</u> : *Je prends mes affaires **et** je pars ; Il aime la vanille **et** le chocolat.*

**Module 58**
LES BASES

*Choisir le bon mot pour compléter les phrases suivantes :*

**Corrigé page 254**

1. Elle n'_____ pas prête à changer de classe.
   - **A** est
   - **B** et

2. Demain _____ un autre jour, ne t'en fais pas.
   - **A** est
   - **B** et

3. Sarah _____ Inès ont cuisiné pour leurs amies.
   - **A** est
   - **B** et

4. On _____ bien installés dans ce camping.
   - **A** est
   - **B** et

5. Sa mère _____ arrivée au Mexique dans la soirée.
   - **A** est
   - **B** et

6. Le café _____ le thé contiennent des excitants.
   - **A** est
   - **B** et

7. Est-ce qu'il _____ content de son travail ?
   - **A** est
   - **B** et

8. Les enfants _____ moi sommes ravis de venir.
   - **A** est
   - **B** et

9. Les animaux rentrent _____ sortent quand ils le veulent.
   - **A** est
   - **B** et

10. Si on _____ pris, on doit remplir un formulaire.
    - **A** est
    - **B** et

**Astuce** Le mot « **est** » est le verbe/auxiliaire « être » conjugué au présent à la 3ᵉ personne du singulier. On peut conjuguer ce verbe/auxiliaire à d'autres temps.
<u>Exemples</u> : *Il **est** (était, sera) très sage ; Elle **est** (était, sera) partie.*

## Module 59
### LES BASES

**Focus** « ces » ou « ses » ?

*Corrigé page 254*

*Quel est le type du déterminant souligné dans les phrases suivantes ?*

1. Il ne remarque pas <u>ces</u> choses-là en général.
   - **A** démonstratif
   - **B** possessif

2. Son voisin a oublié <u>ses</u> lunettes chez lui.
   - **A** démonstratif
   - **B** possessif

3. Est-ce que <u>ces</u> colis sont pour vous ?
   - **A** démonstratif
   - **B** possessif

4. <u>Ces</u> œuvres me plaisent beaucoup.
   - **A** démonstratif
   - **B** possessif

5. Si <u>ses</u> enfants sont sages, ils pourront venir.
   - **A** démonstratif
   - **B** possessif

6. Je ne connais pas <u>ces</u> élèves.
   - **A** démonstratif
   - **B** possessif

7. <u>Ces</u> jours-là, je ne serai pas très disponible.
   - **A** démonstratif
   - **B** possessif

8. Le professeur de <u>ses</u> filles est sévère.
   - **A** démonstratif
   - **B** possessif

9. Tu as entendu <u>ces</u> oiseaux chanter ?
   - **A** démonstratif
   - **B** possessif

10. <u>Ses</u> cousins et lui s'entendent bien.
    - **A** démonstratif
    - **B** possessif

**Astuce** Le mot « ces » est un déterminant **démonstratif**, c'est-à-dire qu'il précède un nom et qu'il sert à désigner dans le temps (*ces jours-ci*) et dans l'espace (*ce camion là-bas*). Comme tous les déterminants (*ce, cette, cet*) et les pronoms démonstratifs (*celui, celle, ceux...*), il commence par la lettre « **c** ».

# Module 59
## LES BASES

*Choisir le bon mot pour compléter les phrases suivantes :*

**Corrigé page 254**

1. Elle a _____ raisons pour ne pas venir.
   - A ses
   - B ces

2. Lors de _____ journées-là, il a tout compris.
   - A ses
   - B ces

3. À qui sont _____ affaires de sport ?
   - A ses
   - B ces

4. Il ne voit pas assez souvent _____ meilleurs copains.
   - A ses
   - B ces

5. Je ne veux pas _____ chaussures-ci, je veux celles-là.
   - A ses
   - B ces

6. Si _____ vêtements t'appartiennent, prends-les.
   - A ses
   - B ces

7. Nos valises sont prêtes et _____ valises à elle aussi.
   - A ses
   - B ces

8. Tu vois _____ camions là-bas ?
   - A ses
   - B ces

9. As-tu récupéré _____ peluches pour les lui rapporter ?
   - A ses
   - B ces

10. Si toutes _____ réponses sont correctes, il aura 20/20.
    - A ses
    - B ces

**Astuce** Le mot « **ses** » est un déterminant **possessif**, c'est-à-dire qu'il précède un nom et qu'il indique le possesseur (*son* chat, *sa* fille, *ses* enfants). On peut le remplacer par « les **s**iens » ou « les **s**iennes », pronoms possessifs qui commencent aussi par la lettre « **s** ».

## Module 60
## LES BASES

**Focus** « Des manches courtes »

*Corrigé page 254*

*Les adjectifs suivants sont-ils correctement accordés ?*

1. Les <u>meilleures</u> copines de Mathilde sont ici.
   - A oui
   - B non

2. Je mange souvent des fruits <u>exotique</u> chez eux.
   - A oui
   - B non

3. Je te souhaite un <u>joyeuse</u> anniversaire.
   - A oui
   - B non

4. Ces <u>longues</u> journées au collège te fatiguent.
   - A oui
   - B non

5. Ses sœurs sont vraiment <u>mignonne</u>.
   - A oui
   - B non

6. Je ne connais pas les <u>nouveaux</u> élèves.
   - A oui
   - B non

7. Tes explications sont très <u>clairs</u>, je comprends tout.
   - A oui
   - B non

8. Le livre <u>préféré</u> de Juliette est un roman anglais.
   - A oui
   - B non

9. De <u>nombreuse</u> personnes ne le connaissent pas.
   - A oui
   - B non

---

**Règle générale** (rappel) : l'adjectif qualificatif s'accorde en genre et en nombre avec le nom qu'il décrit.
On ajoute « s » quand il qualifie un nom masculin pluriel.
On ajoute « e » quand il qualifie un nom féminin singulier.
On ajoute « es » quand il qualifie un nom féminin pluriel.

# Module 60
## LES BASES

*Choisir le bon mot pour compléter les phrases suivantes :*

**Corrigé page 254**

1. Elles sont _____, je ne les inviterai plus.
   - **A** malpolies
   - **B** malpolis

2. Les gens _____ sont en meilleure santé.
   - **A** sportifs
   - **B** sportives

3. Les tableaux _____ chez l'antiquaire sont en bon état.
   - **A** vendu
   - **B** vendus

4. Nous nous retrouvons sur les bancs _____.
   - **A** publiques
   - **B** publics

5. Elle a offert un _____ ordinateur à Louise.
   - **A** nouvel
   - **B** nouvelle

6. Ses mains _____ parcourent le piano rapidement.
   - **A** agiles
   - **B** agile

7. Est-ce une œuvre _____ de l'artiste ?
   - **A** originale
   - **B** original

8. Nous avons reçu d'_____ nouvelles aujourd'hui !
   - **A** excellents
   - **B** excellentes

9. As-tu relu les _____ lettres de Julien ?
   - **A** dernière
   - **B** dernières

**Astuce** On ajoute un « e » à l'adjectif au féminin, mais certains adjectifs se transforment.
<u>Exemples</u> : *beau > be**lle** ; blanc > blan**che** ; entier > enti**ère** ; gentil > genti**lle** ; gras > gra**sse** ; long > lon**gue** ; mignon > migno**nne** ; nerveux > nerveu**se** ; vif > vi**ve**.*

# Module 61
## LES BASES

**Focus** « quand » ou « qu'en » ?

*Corrigé page 254*

*Les mots soulignés sont-ils correctement écrits ?*

1. Il ne sera là <u>qu'en</u> août.
   - **A** oui
   - **B** non

2. Pensez-vous <u>quand</u> dix minutes, il pourra être là ?
   - **A** oui
   - **B** non

3. Mes amis sortiront <u>quand</u> la neige sera plus dure.
   - **A** oui
   - **B** non

4. <u>Qu'en</u> nous aurons notre maison, il viendra dormir ici.
   - **A** oui
   - **B** non

5. Nous avons plus de devoirs <u>qu'en</u> sixième.
   - **A** oui
   - **B** non

6. Je ne sais pas ce <u>quand</u> dit le professeur.
   - **A** oui
   - **B** non

7. <u>Quand</u> le vent souffle fort, mon chat est effrayé.
   - **A** oui
   - **B** non

8. Ce livre n'existe <u>qu'en</u> espagnol.
   - **A** oui
   - **B** non

9. Déborah crie <u>qu'en</u> mon chien l'approche.
   - **A** oui
   - **B** non

---

**Astuce** Dans « **qu'en** », il y a deux mots : « **que** » et « **en** ». On peut trouver « **qu'en** » dans plusieurs cas.
<u>Exemples</u> :
1. ***Qu'en** pensez-vous ? (= **que** pensez-vous **de cela**)*
2. *La calculatrice ne sert **qu'en** cours de maths. (= **seulement** en cours de maths)*

# Module 61
## LES BASES

*Choisir le bon mot pour compléter les phrases suivantes :*

**Corrigé page 254**

1. Sais-tu ce _____ pensent ses parents ?
   - **A** qu'en
   - **B** quand

2. Tu viens _____ tu veux, tu es le bienvenu.
   - **A** qu'en
   - **B** quand

3. Tous les soirs, _____ il rentre, il joue aux jeux vidéo.
   - **A** qu'en
   - **B** quand

4. Vous ne souhaitez parler _____ turc avec son père.
   - **A** qu'en
   - **B** quand

5. Ce film est très drôle, _____ penses-tu ?
   - **A** qu'en
   - **B** quand

6. On ne progresse en danse _____ pratiquant beaucoup.
   - **A** qu'en
   - **B** quand

7. Est-ce que tu seras encore là _____ j'arriverai ?
   - **A** qu'en
   - **B** quand

8. J'espère qu'il ne se déplace pas _____ voiture !
   - **A** qu'en
   - **B** quand

9. Savez-vous _____ partira mon colis ?
   - **A** qu'en
   - **B** quand

**Astuce** Le mot « quand » est un adverbe ou une conjonction, il évoque souvent le temps.
<u>Exemples</u> :
1. *Quand* serez-vous là ? (= à quel moment)
2. *Tu peux venir quand tu veux.*

VOTRE SCORE :

# Module 62
## LES BASES

**Focus** « mieux » et « auparavant »

*Corrigé page 255*

*Les mots soulignés sont-ils correctement écrits ?*

1. Il vaut <u>mieu</u> être un peu en retard qu'absent.
   - **A** oui
   - **B** non

2. Travailles-tu <u>mieux</u> depuis que tu es dans cette chambre ?
   - **A** oui
   - **B** non

3. Nous aimerions <u>mieux</u> qu'elle vienne avec nous.
   - **A** oui
   - **B** non

4. Est-ce que ton petit frère va <u>mieu</u> ?
   - **A** oui
   - **B** non

5. <u>Mieu</u> vaut rester au chaud aujourd'hui.
   - **A** oui
   - **B** non

6. Tu as retrouvé ton téléphone, tant <u>mieux</u> !
   - **A** oui
   - **B** non

7. Les élèves ont fait de leur <u>mieu</u> pour répondre aux questions.
   - **A** oui
   - **B** non

8. Ah, ça va <u>mieux</u>, je suis rassuré qu'il soit rentré !
   - **A** oui
   - **B** non

9. Je ne me sens pas <u>mieu</u>, je vais rester au lit.
   - **A** oui
   - **B** non

10. Si tu regardes <u>mieux</u>, tu verras le reflet rouge.
    - **A** oui
    - **B** non

**Astuce** L'adverbe « **mieux** » est invariable, il s'écrit toujours avec un « **x** ».

**Module 62**
**LES BASES**

*Les mots soulignés sont-ils correctement écrits ?*

1. Il était plus fort en maths <u>au paravent</u>.
   - **A** oui
   - **B** non

2. <u>Auparavant</u>, on lavait le linge dans des lavoirs.
   - **A** oui
   - **B** non

3. Je jouais au football <u>auparavent</u>.
   - **A** oui
   - **B** non

4. Pensez-vous qu'il y avait moins de guerres <u>auparavant</u> ?
   - **A** oui
   - **B** non

5. <u>Au par avant</u>, ses enfants n'aimaient pas les choux.
   - **A** oui
   - **B** non

6. Elle habitait tout près de chez nous <u>auparavent</u>.
   - **A** oui
   - **B** non

7. Il y avait moins de canicules <u>auparavant</u>.
   - **A** oui
   - **B** non

8. Tu avais peur des chiens <u>au paravent</u>.
   - **A** oui
   - **B** non

9. Charlotte ne comprenait pas mes blagues <u>au par avant</u>.
   - **A** oui
   - **B** non

10. Si vous passez par ici, appelez-nous <u>auparavant</u>.
    - **A** oui
    - **B** non

> **Astuce** Le mot « **auparavant** » est un adverbe et une préposition, il est invariable. Pour retenir son orthographe, sachez qu'il est composé de « **au** », « **par** » et « **avant** » et qu'il s'écrit en un seul mot.

*Corrigé page 255*

## Module 63
### LES BASES

**Focus** « faisant », « faisait »

*Corrigé page 255*

*Les mots soulignés sont-ils correctement écrits ?*

1. On a retrouvé tes clés en <u>fesant</u> un tour dans le jardin.
   - A oui
   - B non

2. Et si vous <u>faisiez</u> la vaisselle cette fois ?
   - A oui
   - B non

3. Nous <u>faisions</u> du vélo ensemble avant.
   - A oui
   - B non

4. Lorsque tu <u>fesais</u> la cuisine, j'ai senti une odeur de brûlé.
   - A oui
   - B non

5. Ne <u>faisant</u> plus attention à la route, tu es tombé.
   - A oui
   - B non

6. En <u>fesant</u> une promenade en forêt, j'ai croisé une biche.
   - A oui
   - B non

7. Je ne <u>faisais</u> plus partie de l'équipe.
   - A oui
   - B non

8. Est-ce que vous <u>fesiez</u> des bêtises ?
   - A oui
   - B non

9. Nous <u>faisions</u> trop de bruit, il nous a grondés.
   - A oui
   - B non

**Astuce** Le participe présent du verbe *faire* conserve les lettres *ai* alors qu'elles se prononcent [e] : *fai*sant. À l'imparfait aussi, les lettres *ai* sont conservées : je *fai*sais, tu *fai*sais, il *fai*sait, nous *fai*sions, vous *fai*siez, ils *fai*saient.

# Module 63
## LES BASES

*Choisir le bon mot pour compléter les phrases suivantes :*

**Corrigé page 255**

1. Sais-tu ce que _____ ses parents ?
   - **A** faisaient
   - **B** fesaient

2. Je ne _____ jamais mon lit quand j'étais enfant.
   - **A** fesais
   - **B** faisais

3. Tous les soirs, vous _____ un jeu.
   - **A** faisiez
   - **B** fesiez

4. Nous _____ de grands gestes pour qu'ils nous voient.
   - **A** fesons
   - **B** faisons

5. Ma sœur ne _____ pas ses devoirs.
   - **A** faisait
   - **B** fesait

6. Est-ce que vous _____ du sport ?
   - **A** fesiez
   - **B** faisiez

7. En _____ de l'exercice, tu vas te sentir mieux.
   - **A** faisant
   - **B** fesant

8. Cet élève me _____ des grimaces !
   - **A** faisait
   - **B** fesait

9. Vous _____ du piano quand je suis arrivée.
   - **A** faisiez
   - **B** fesiez

10. En _____ de ton mieux, tu vas réussir, c'est certain !
    - **A** fesant
    - **B** faisant

**Astuce** Au présent de l'indicatif à la 1re personne du pluriel, le verbe *faire* conserve aussi les lettres *ai* : nous **fai**sons.

VOTRE SCORE :

## Module 64
## LES BASES

**Focus** « pour les voir »

Corrigé page 255

*Les verbes suivants sont-ils correctement écrits ?*

1. Je ne vais pas les <u>attendres</u> toute la soirée.
   - **A** oui
   - **B** non

2. Pourrais-tu aller les <u>chercher</u> demain ?
   - **A** oui
   - **B** non

3. Nous avons trop de tableaux, nous ne savons pas où les <u>mettres</u>.
   - **A** oui
   - **B** non

4. Tes lunettes de soleil, pense à les <u>prendre</u> !
   - **A** oui
   - **B** non

5. Si tu peux les <u>battres</u> à ce jeu, tu es très fort !
   - **A** oui
   - **B** non

6. Je ne pense pas les <u>connaître</u>.
   - **A** oui
   - **B** non

7. Souhaites-tu les <u>convaincres</u> de ton innocence ?
   - **A** oui
   - **B** non

8. Nous pouvons les <u>vendre</u> plus cher.
   - **A** oui
   - **B** non

9. Ces lettres, Marion va les <u>écrires</u> toute seule.
   - **A** oui
   - **B** non

---

**Astuce** Les verbes à l'infinitif se terminent par : *-er* ; *-ir* ; *-oir* ou *-re*. Ils sont invariables, même précédés du pronom « les ».
Exemples :
1. *Il va les **voir**.*
2. *Va les **rendre**.*

**Module 64**
**LES BASES**

*Choisir le bon mot pour compléter les phrases suivantes :*

Corrigé page 255

1. Noémie ne veut pas les _____.
   - A croire
   - B croires

2. Les gens vont les _____ à leur place.
   - A remettres
   - B remettre

3. Nous sommes venus pour les _____, ils ne sont pas ici.
   - A voir
   - B voirs

4. Tu vas les _____, tes devoirs ?
   - A faires
   - B faire

5. Nous allons les _____ à l'aéroport.
   - A conduire
   - B conduires

6. Béatrice voulait les _____ avant l'automne.
   - A repeindre
   - B repeindres

7. Voudras-tu les _____ avant tout le monde, ces articles ?
   - A lires
   - B lire

8. Le directeur pense les _____ pour deux jours.
   - A exclure
   - B exclures

9. Je ne pensais pas les _____, ces règles...
   - A comprendre
   - B comprendres

10. Pourras-tu les _____ toutes avant de sortir ?
    - A éteindres
    - B éteindre

## Module 65
### LES BASES

**Focus** Participe passé conjugué avec l'auxiliaire « avoir » (1)

*Corrigé page 255*

*Les verbes suivants sont-ils correctement écrits ?*

1. Ses chiens ont tous <u>courus</u> vers moi.
   - **A** oui
   - **B** non

2. Ma cousine n'a pas <u>écouté</u> le concert.
   - **A** oui
   - **B** non

3. Les plantes ont <u>poussées</u> cet été !
   - **A** oui
   - **B** non

4. Quelques personnes ont <u>demandé</u> leur chemin.
   - **A** oui
   - **B** non

5. Ses enfants ont beaucoup <u>grandis</u> cette année.
   - **A** oui
   - **B** non

6. Les invités nous ont <u>offert</u> une boîte de chocolats.
   - **A** oui
   - **B** non

7. Les joueurs n'ont pas <u>gagnés</u> un seul match…
   - **A** oui
   - **B** non

8. Elle n'a pas <u>fini</u> son assiette.
   - **A** oui
   - **B** non

9. Les flocons ont <u>recouvert</u> le toit.
   - **A** oui
   - **B** non

---

**Astuce** Lorsqu'on utilise l'auxiliaire *avoir* au passé composé (j'ai, tu as, il a, nous avons, vous avez, ils ont), on n'accorde jamais le participe passé (en genre et en nombre) avec le sujet.
<u>Exemples</u> :
1. *Nous avons **chanté** tout l'été.*
2. *Elle a **choisi** sa place.*

# Module 65
## LES BASES

*Choisir le bon mot pour compléter les phrases suivantes :*

Corrigé page 255

1. Paloma a _____ à écrire un roman toute seule.
   - A réussi
   - B réussie

2. Les gendarmes ont _____ les voleurs.
   - A arrêtés
   - B arrêté

3. Nous avons _____ ses photos préférées.
   - A agrandi
   - B agrandis

4. Oriane et sa sœur ont _____ de fermer la porte.
   - A oubliées
   - B oublié

5. Nous avons _____ un tracteur avec notre oncle.
   - A conduit
   - B conduits

6. Léa a _____ de nous appeler hier.
   - A essayée
   - B essayé

7. Vous avez _____ là-bas cette nuit ?
   - A dormi
   - B dormis

8. Les enfants ont _____ au père Noël.
   - A écrits
   - B écrit

9. Mes amis m'ont _____ une surprise pour mon anniversaire.
   - A faits
   - B fait

10. Les filles de la classe ont _____ leur projet.
    - A présenté
    - B présentées

VOTRE SCORE :

# Module 66
## LES BASES

**Focus** « j'ai été » ou « je suis allé » ?

Corrigé page 255

*Les phrases suivantes sont-elles correctes ?*

1. Mes copains ont été voir ce film.
   - **A** oui
   - **B** non

2. Cette actrice a été très applaudie.
   - **A** oui
   - **B** non

3. Mes cousins sont allés chercher Florent à la gare.
   - **A** oui
   - **B** non

4. Les invités ont été assez impolis.
   - **A** oui
   - **B** non

5. J'ai été au musée Picasso.
   - **A** oui
   - **B** non

6. Est-ce que tu es allée à la piscine ce week-end ?
   - **A** oui
   - **B** non

7. Les joueurs n'ont pas été récompensés.
   - **A** oui
   - **B** non

8. Charline n'a pas été acheter son matériel.
   - **A** oui
   - **B** non

9. Nous sommes allées au concert ensemble.
   - **A** oui
   - **B** non

**Astuce** Le verbe *aller* (qui décrit un mouvement) se conjugue ainsi au passé composé : auxiliaire *être* + participe passé *allé* (qui s'accorde en genre et en nombre avec le sujet).
Exemples :
1. *Nous* **sommes allés** *au cinéma hier.*
2. *Ma sœur* **est allée** *en Australie.*

# Module 66
## LES BASES

*Choisir le bon verbe pour compléter les phrases suivantes :*

Corrigé page 255

1. Pierre _____ silencieux toute la journée.
   - **A** est allé
   - **B** a été

2. Crois-tu que nous _____ lui répéter cette information ?
   - **A** sommes allés
   - **B** avons été

3. Son frère _____ félicité par le policier.
   - **A** a été
   - **B** est allé

4. C'est toi qui _____ ouvrir à Romain ?
   - **A** es allé
   - **B** êtes allés

5. Vous _____ très courageux lors de cette épreuve.
   - **A** avez été
   - **B** êtes allés

6. Les élèves _____ surpris par l'orage.
   - **A** sont allés
   - **B** ont été

7. Qui _____ là-bas tout seul ?
   - **A** est allé
   - **B** a été

8. Est-ce que tu _____ demander pardon à Matthieu ?
   - **A** es allée
   - **B** as été

9. Mes amies et moi _____ enchantées de la rencontrer.
   - **A** sommes allées
   - **B** avons été

**Astuce** Le verbe *être* (verbe d'état ou auxiliaire) se conjugue ainsi au passé composé : auxiliaire *avoir* + participe passé *été* (invariable).
Exemples :
1. *Nous **avons été** sages.*
2. *Tu **as été** reçu par le directeur.*

VOTRE SCORE :

**Module 67**
LES BASES

**Focus** « tous les »

Corrigé page 255

*Les mots soulignés sont-ils correctement écrits ?*

1. Je ne sais pas si <u>tout</u> les élèves l'ont vu.
   - **A** oui
   - **B** non

2. Il a lu <u>toute</u> la journée.
   - **A** oui
   - **B** non

3. Nous allons dans notre maison <u>tous</u> les étés.
   - **A** oui
   - **B** non

4. Nous lui disons <u>tous</u> le temps de faire attention.
   - **A** oui
   - **B** non

5. La cloche sonne <u>toutes</u> les demi-heures.
   - **A** oui
   - **B** non

6. <u>Tout</u> les joueurs de l'équipe se rassemblent.
   - **A** oui
   - **B** non

7. <u>Tous</u> les jours, elle fait du vélo près du collège.
   - **A** oui
   - **B** non

8. Tu aimes <u>tout</u> les légumes.
   - **A** oui
   - **B** non

9. <u>Tous</u> ses amis sont arrivés tôt à la fête.
   - **A** oui
   - **B** non

---

**Astuce** On accorde le déterminant *tout* avec le nom qui suit.
<u>Exemples</u> :
1. **Tout** *le monde* (masculin singulier)
2. **Toute** *la journée* (féminin singulier)
3. **Tous** *les jours* (masculin pluriel)
4. **Toutes** *les filles* (féminin pluriel)

**Module 67**
**LES BASES**

*Choisir le bon mot pour compléter les phrases suivantes :*

Corrigé page 255

1. Paul a vu _____ ses vidéos sur sa chaîne.
   - **A** tout
   - **B** tous
   - **C** toutes

2. Est-ce que _____ le monde a eu un biscuit ?
   - **A** tout
   - **B** tous
   - **C** toute

3. Ses cousins ont reçu _____ leurs résultats.
   - **A** tout
   - **B** toutes
   - **C** tous

4. C'est toi qui as _____ les cartes du jeu ?
   - **A** toutes
   - **B** tous
   - **C** tout

5. Vous avez _____ mes bandes dessinées.
   - **A** tout
   - **B** toutes
   - **C** toute

6. J'aime _____ les chats.
   - **A** tout
   - **B** tous
   - **C** toute

7. Et si _____ tes amis venaient dimanche ?
   - **A** tout
   - **B** tous
   - **C** toutes

8. Dans l'avion, _____ les passagers doivent s'attacher.
   - **A** tous
   - **B** tout
   - **C** toutes

9. Leur bébé les réveille _____ les nuits.
   - **A** tous
   - **B** toutes
   - **C** toute

10. Il a bien mis _____ ces ingrédients dans la pâte.
    - **A** tout
    - **B** toutes
    - **C** tous

VOTRE SCORE :

# Module 68
## LES BASES

**Focus** « plutôt » ou « plus tôt » ?

Corrigé page 256

*Les mots soulignés sont-ils correctement écrits ?*

1. Cette fête est plutôt réussie.
   - **A** oui
   - **B** non

2. Il est arrivé plus tôt que moi.
   - **A** oui
   - **B** non

3. Nous allons à la mer plus tôt qu'à la montagne.
   - **A** oui
   - **B** non

4. Nous lui annoncerons sa victoire plutôt que prévu.
   - **A** oui
   - **B** non

5. Plutôt partir que de supporter son discours !
   - **A** oui
   - **B** non

6. Plus tôt tu auras terminé ton travail, plus tôt tu joueras.
   - **A** oui
   - **B** non

7. Elle fait du vélo plutôt que de marcher.
   - **A** oui
   - **B** non

8. Tu joues à la console plus tôt que de faire du sport.
   - **A** oui
   - **B** non

9. Tu devras te lever plutôt si tu veux voir le défilé.
   - **A** oui
   - **B** non

---

**Astuce** « **Plus tôt** » en deux mots évoque le temps, il peut être opposé à « **plus tard** », en deux mots aussi.
Exemple :
1. *J'arriverai **plus tôt** pour le voir.*

# Module 68
## LES BASES

*Choisir les bons mots pour compléter les phrases suivantes :*

**Corrigé page 256**

1. Pauline est venue _____ pour m'aider à cuisiner.
   - A plus tôt
   - B plutôt

2. Tu filmes le concert _____ que de le regarder…
   - A plus tôt
   - B plutôt

3. Ses amis ont reçu sa visite _____ que prévu.
   - A plus tôt
   - B plutôt

4. Je vais mettre un pantalon _____ qu'une jupe.
   - A plus tôt
   - B plutôt

5. Il fait _____ chaud pour un mois de novembre.
   - A plus tôt
   - B plutôt

6. Je reçois des compliments _____ sympathiques.
   - A plus tôt
   - B plutôt

7. Si tu partais _____, tu pourrais être à l'heure.
   - A plus tôt
   - B plutôt

8. Ce livre est _____ ennuyeux, c'est dommage.
   - A plus tôt
   - B plutôt

9. Demain, on se lève une heure _____.
   - A plus tôt
   - B plutôt

**Astuce** « **Plutôt** » en un mot est un adverbe, il évoque la préférence ou l'intensité (comme « assez »).
Exemples :
1. *Il est **plutôt** intéressant (**assez** intéressant).*
2. *Je vais **plutôt** prendre un thé qu'un café.*

## Module 69
### LES BASES

**Focus** « ni » ou « n'y » ?

*Corrigé page 256*

*Les mots soulignés sont-ils correctement écrits ?*

1. Ce livre n'est <u>n'y</u> passionnant ni très mauvais.
   - **A** oui
   - **B** non

2. Il <u>ni</u> arrivera jamais tout seul...
   - **A** oui
   - **B** non

3. Nous n'aimons <u>ni</u> le beurre ni la margarine.
   - **A** oui
   - **B** non

4. Si tu <u>n'y</u> crois pas, demande-lui des preuves.
   - **A** oui
   - **B** non

5. <u>Ni</u> pensez plus, avoir cassé ce vase n'est pas si grave...
   - **A** oui
   - **B** non

6. <u>N'y</u> va pas sans ton écharpe !
   - **A** oui
   - **B** non

7. Elle ne fait <u>ni</u> vélo ni trottinette.
   - **A** oui
   - **B** non

8. Cette personne <u>ni</u> met plus les pieds.
   - **A** oui
   - **B** non

9. Vous <u>n'y</u> touchez pas et tout ira bien.
   - **A** oui
   - **B** non

---

**Astuce** Le mot **ni** est une conjonction de coordination qui exprime la négation et qui est souvent répétée.
<u>Exemple</u> :
1. *Il n'aime **ni** le café **ni** le thé.*

**Module 69**
LES BASES

*Choisir le bon mot pour compléter les phrases suivantes :*

1. Pablo n'est venu _____ à mon anniversaire ni à Noël.
   - **A** ni
   - **B** n'y

2. Ne regarde pas cette série si tu _____ trouves aucun intérêt !
   - **A** ni
   - **B** n'y

3. Ses amis n'ont reçu _____ texto ni coup de téléphone hier.
   - **A** ni
   - **B** n'y

4. Je n'aime pas le cirque et je _____ vais jamais.
   - **A** ni
   - **B** n'y

5. Si ce bruit t'agace, _____ fais plus attention.
   - **A** ni
   - **B** n'y

6. Nous _____ tenons pas vraiment, à y aller.
   - **A** ni
   - **B** n'y

7. Si tu ne pars pas à 17 heures, tu _____ seras jamais pour le dîner.
   - **A** ni
   - **B** n'y

8. Je ne connais ni l'Angleterre _____ l'Écosse.
   - **A** ni
   - **B** n'y

9. Quelle surprise de recevoir cette lettre ! On _____ croyait plus !
   - **A** ni
   - **B** n'y

---

**Astuce** Dans « **n'y** », il y a deux mots : un adverbe de négation (*ne*) et un pronom (*y*). On le trouve devant un verbe et il est en général suivi d'un autre adverbe de négation comme : pas, plus, jamais, guère…
Exemple :
1. *Il **n'y** pense **jamais**. (Il ne pense jamais « à ça ».)*

## Module 70
### LES BASES

**Focus** « quand » ou « quant » ?

*Les mots soulignés sont-ils correctement écrits ?*

1. Je ne sais pas <u>quant</u> nous arriverons.
   - **A** oui
   - **B** non

2. Le directeur reviendra <u>quand</u> il pourra.
   - **A** oui
   - **B** non

3. Nous n'aimons pas <u>quand</u> il se met en colère.
   - **A** oui
   - **B** non

4. <u>Quant</u> à mon avis, il n'est pas important apparemment.
   - **A** oui
   - **B** non

5. <u>Quant</u> pensez-vous pouvoir rendre ce livre ?
   - **A** oui
   - **B** non

6. J'ai révisé la leçon, <u>quant</u> à l'exercice, je le ferai demain.
   - **A** oui
   - **B** non

7. Pourrez-vous nous prévenir <u>quant</u> vous partirez ?
   - **A** oui
   - **B** non

8. <u>Quand</u> à mon père, il est d'origine italienne.
   - **A** oui
   - **B** non

9. Luce, <u>quant</u> à elle, ne sera pas à la répétition.
   - **A** oui
   - **B** non

---

**Astuce** Le mot **quand** est une conjonction ou un adverbe qui introduit en général une notion de temps. Le *d* se prononce [t] lorsque **quand** est suivi d'un mot commençant par une voyelle.
<u>Exemple</u> :
1. **Quand** il arrive, je m'en vais.

# Module 70
## LES BASES

*Choisir le bon mot pour compléter les phrases suivantes :*

**Corrigé page 256**

1. Paola, _____ à elle, n'a pas pu venir à la fête.
   - **A** quant
   - **B** quand

2. Regarde-moi _____ tu me parles, c'est mieux !
   - **A** quant
   - **B** quand

3. Je constate que tes résultats, _____ à eux, sont excellents.
   - **A** quant
   - **B** quand

4. _____ aux chats, ils ont tous été recueillis.
   - **A** Quant
   - **B** Quand

5. Le bruit qu'il fait _____ il mange m'agace.
   - **A** quant
   - **B** quand

6. Nous serons là _____ il aura besoin de nous.
   - **A** quant
   - **B** quand

7. _____ aux concerts, je n'y vais pas assez souvent.
   - **A** Quant
   - **B** Quand

8. Tes copains viennent _____ ta mère est absente.
   - **A** quant
   - **B** quand

9. Julia est autonome, _____ à Margot, il faut toujours l'aider.
   - **A** quant
   - **B** quand

---

**Astuce** Le mot **quant** est une préposition (toujours suivie de « à », « au » ou « aux ») qui signifie « concernant ».
Exemple :
1. *Je pars demain, **quant à** toi, tu restes jusqu'à lundi.*

# Module 71
## LES BASES

**Focus** « bien sûr » et « bien entendu »

*Corrigé page 256*

*Les mots soulignés sont-ils correctement écrits ?*

1. Il est <u>bien sûr</u> interdit de fumer dans la cour.
   - **A** oui
   - **B** non

2. Vous pourrez repasser l'examen <u>bienentendu</u>.
   - **A** oui
   - **B** non

3. Nous aimons <u>biensûr</u> sa pièce de théâtre.
   - **A** oui
   - **B** non

4. <u>Bien entendu</u>, Gloria s'est fait remarquer.
   - **A** oui
   - **B** non

5. Nous pourrons <u>bien sûr</u> vous faire visiter le château.
   - **A** oui
   - **B** non

6. J'ai révisé la leçon pour le contrôle, <u>bien entendu</u>.
   - **A** oui
   - **B** non

7. <u>Biensûr</u>, Fabian préviendra ses parents quand il arrivera.
   - **A** oui
   - **B** non

8. Mon père est <u>bienentendu</u> au courant de nos bêtises.
   - **A** oui
   - **B** non

9. Si tu adoptes un chien, il faudra <u>bien sûr</u> t'en occuper.
   - **A** oui
   - **B** non

---

**Astuce** Les locutions « **bien sûr** » et « **bien entendu** » s'écrivent toujours en deux mots.
**Exemple** : *Tu peux* ***bien sûr*** *te servir.*

# Module 71
## LES BASES

*Choisir le bon mot pour compléter les phrases suivantes :*

1. Linda n'a _____ pas dit qu'elle allait venir accompagnée.
   - A) bien sûr
   - B) biensûr

2. Pendant les fêtes, on se couche _____ plus tard.
   - A) bienentendu
   - B) bien entendu

3. Les résultats de la classe, _____, sont excellents.
   - A) bien sûr
   - B) biensûr

4. _____, nous avons oublié de fermer à clé.
   - A) Biensûr
   - B) Bien sûr

5. Il est _____ possible de manger là-bas.
   - A) bien sûr
   - B) bienentendu

6. Nous serons _____ au premier rang pour t'applaudir.
   - A) biensûr
   - B) bien entendu

7. Ses amis ont _____ perdu leur chemin.
   - A) bienentendu
   - B) bien sûr

8. Tes copains partent _____ ensemble en colonie.
   - A) bien sûr
   - B) biensûr

9. Julien est absent, _____, il est grippé.
   - A) bien entendu
   - B) biensûr

# Module 72
## LES BASES

**Focus** « qu'il ait » ou « qu'il est » ?

*Corrigé page 256*

*Les mots soulignés sont-ils correctement écrits ?*

1. Il n'<u>est</u> pas conseillé de traverser ce carrefour.
   - **A** oui
   - **B** non

2. Vous souhaitez qu'elle <u>ait</u> son diplôme.
   - **A** oui
   - **B** non

3. Crois-tu qu'on <u>est</u> besoin de cet équipement pour nager ?
   - **A** oui
   - **B** non

4. <u>Est</u>-il arrivé dans la soirée ?
   - **A** oui
   - **B** non

5. Nous avons peur qu'il <u>ait</u> une mauvaise influence sur eux.
   - **A** oui
   - **B** non

6. On <u>ait</u> surpris de le croiser ici.
   - **A** oui
   - **B** non

7. <u>Ait</u>-elle revenue du collège ?
   - **A** oui
   - **B** non

8. Mon frère <u>est</u> prévenu, il doit être sage.
   - **A** oui
   - **B** non

9. Il faut qu'on <u>ait</u> de la place pour danser.
   - **A** oui
   - **B** non

---

**Astuce** Le verbe/auxiliaire *avoir* au subjonctif présent se conjugue ainsi : que *j'aie*, que *tu aies*, qu'*il* **ait**, que *nous ayons*, que *vous ayez*, qu'*ils aient*.
Le subjonctif peut marquer un doute, un souhait, un regret, un ordre…
Exemples :
1. *Je souhaite qu'il **ait** son permis rapidement.*
2. *Nous doutons qu'il **ait** ses affaires.*

# Module 72
## LES BASES

*Choisir le bon mot pour compléter les phrases suivantes :*

1. Que Jules n'_____ pas compris les règles, cela m'étonne.
   - A ait
   - B est

2. Il faudrait que le chat _____ un endroit à lui.
   - A ait
   - B est

3. S'il _____ inscrit, il peut participer.
   - A ait
   - B est

4. _____ - elle bien accueillie par sa famille anglaise ?
   - A Ait
   - B Est

5. Il _____ possible que nous ne soyons pas assis à côté de lui.
   - A ait
   - B est

6. Nous n'aimerions pas que Lou _____ attrapé des poux.
   - A ait
   - B est

7. Pourvu qu'elle _____ les clés de la cabane !
   - A ait
   - B est

8. Ton meilleur ami _____ très poli, c'est agréable.
   - A ait
   - B est

9. Bien que Jonathan n'_____ pas écouté, il pense avoir compris.
   - A ait
   - B est

> **Astuce** Le verbe/auxiliaire *être* au présent de l'indicatif se conjugue ainsi : *je suis, tu es, il **est**, nous sommes, vous êtes, ils sont*.
> L'indicatif s'emploie pour des faits (*Elle **est** là-bas*). L'auxiliaire *être* est utilisé pour construire la voix passive (*Il **est** attendu par nous*) et le passé composé de certains verbes (*Je **suis** arrivé*).

# Module 73
## LES BASES

**Focus** « demi » ou « demie » ?

Corrigé page 256

*Les mots soulignés sont-ils correctement écrits ?*

1. Une <u>demi</u>-douzaine de personnes ont réservé leur place.
   - **A** oui
   - **B** non

2. La <u>demie</u>-heure passée avec toi a été très agréable.
   - **A** oui
   - **B** non

3. Tu vas rencontrer les <u>demi</u>-finalistes ici.
   - **A** oui
   - **B** non

4. Tom est arrivé à huit heures et <u>demi</u> hier.
   - **A** oui
   - **B** non

5. Nous avons choisi la <u>demie</u>-pension à l'hôtel.
   - **A** oui
   - **B** non

6. Dans trois semaines et <u>demies</u>, ton chaton arrive chez toi.
   - **A** oui
   - **B** non

7. Connais-tu sa <u>demi</u>-sœur ?
   - **A** oui
   - **B** non

8. Mon cousin a deux ans et <u>demis</u> de plus que moi.
   - **A** oui
   - **B** non

9. J'ai bu une <u>demi</u>-bouteille de jus d'ananas.
   - **A** oui
   - **B** non

---

**Astuce** L'adjectif *demi* est **invariable** lorsqu'il est placé avant un nom (ni « e », ni « s ») et il est relié au nom par un trait d'union.
<u>Exemples</u> :
1. *Une **demi**-heure.*
2. *Des **demi**-baguettes.*

**Module 73**
**LES BASES**

*Choisir le bon mot pour compléter les phrases suivantes :*

**Corrigé page 256**

1. Cela fait trois heures et _____ que je l'attends.
   - A demi
   - B demie
   - C demis

2. La plupart des élèves sont _____-pensionnaires.
   - A demi
   - B demis
   - C demie

3. J'ai passé une _____-journée à préparer cet exposé.
   - A demi
   - B demie
   - C demis

4. Nous allons prendre quatre _____- bouteilles de lait.
   - A demis
   - B demie
   - C demi

5. Depuis deux ans et _____, il habite chez nous.
   - A demie
   - B demi
   - C demis

6. Dans une _____-heure, nous aurons tes résultats.
   - A demis
   - B demie
   - C demi

7. Ses dessins s'étalent sur trois pages et _____.
   - A demi
   - B demie
   - C demis

8. Mes _____-sœurs vivent avec leur mère.
   - A demie
   - B demi
   - C demis

9. Il te faudra trois _____-journées pour terminer ce tableau.
   - A demi
   - B demie
   - C demis

---

**Astuce** Lorsque l'adjectif *demi* est derrière le nom, on l'accorde en **genre** avec le nom (on ne le met jamais au pluriel).
<u>Exemples</u> :
1. *Une heure et **demie**.*
2. *Trois jours et **demi**.*

# Module 74
## LES BASES

**Focus** « or » ou « hors »

Corrigé page 257

*Les mots soulignés sont-ils correctement écrits ?*

1. Marie l'aime bien, <u>or</u> elle la critique souvent.
   - **A** oui
   - **B** non

2. Il a commis un <u>or</u>-jeu lors du tournoi.
   - **A** oui
   - **B** non

3. Ce personnage est un célèbre <u>hors</u>-la-loi.
   - **A** oui
   - **B** non

4. Timothée est arrivé tôt, <u>hors</u> il ne restait plus rien à manger.
   - **A** oui
   - **B** non

5. On pensait qu'il pleuvrait, <u>or</u> le soleil a brillé toute la journée.
   - **A** oui
   - **B** non

6. On a cassé son vase, il était <u>or</u> de lui.
   - **A** oui
   - **B** non

7. Maxime est très fort aux échecs, <u>hors</u> il a perdu cette partie.
   - **A** oui
   - **B** non

8. L'ours est maintenant <u>hors</u> du bois…
   - **A** oui
   - **B** non

9. Le dauphin a sauté <u>hors</u> de l'eau, on l'a pris en photo.
   - **A** oui
   - **B** non

---

**Astuce** Le mot **hors** est une préposition, il est en général suivi de la préposition *de* et il signifie « en dehors de ».
Exemple :
1. *Il est **hors** de sa chambre.*

# Module 74
## LES BASES

*Choisir le bon mot pour compléter les phrases suivantes :*

**Corrigé page 257**

1. Il est là-bas depuis hier, _____ il n'a parlé à personne.
   - **A** hors
   - **B** or

2. Les élèves indisciplinés sont _____ de la classe.
   - **A** hors
   - **B** or

3. Mes grands-parents ont un jardin _____ de la ville.
   - **A** hors
   - **B** or

4. Il nous faut un seau, _____ la cabane est fermée.
   - **A** hors
   - **B** or

5. Je n'ai pas révisé, _____ j'ai eu une excellente note !
   - **A** hors
   - **B** or

6. On m'avait dit qu'elle était sévère, _____ je la trouve gentille.
   - **A** hors
   - **B** or

7. Ses dessins sont magnifiques, _____ elle n'en vend aucun.
   - **A** hors
   - **B** or

8. On a la sensation d'être _____ du temps ici...
   - **A** hors
   - **B** or

9. Il a accusé Ryan, _____ c'est lui qui a copié sur lui.
   - **A** hors
   - **B** or

---

**Astuce** Le mot **or** est une conjonction de coordination, de même que : *car*, *donc*, *et*, *mais*, *ni*, *ou*. On peut le remplacer par *mais*.
<u>Exemple</u> :
1. *Il est ici,* **or** *on ne l'entend pas.*

# Module 75
## LES BASES

**Focus** « parce que » ou « par ce que » ?

Corrigé page 257

*Les mots soulignés sont-ils correctement écrits ?*

1. Myriam est arrivée tôt <u>parce que</u> tu avais besoin d'aide.
   - **A** oui
   - **B** non

2. Nous sommes intéressés <u>par ce que</u> tu as fabriqué.
   - **A** oui
   - **B** non

3. Il est venu à pied <u>par ce que</u> les pneus de son vélo ont crevé.
   - **A** oui
   - **B** non

4. Tout le monde peut rentrer tard, <u>parce que</u> c'est la fête.
   - **A** oui
   - **B** non

5. Êtes-vous surpris <u>par ce qu'</u>elle vous dit ?
   - **A** oui
   - **B** non

6. On est fâchés <u>par ce qu'</u>elle a dit du mal de mon frère.
   - **A** oui
   - **B** non

7. Ce n'est pas <u>parce qu'</u>il est plus âgé qu'il a raison.
   - **A** oui
   - **B** non

8. Tu es étonnée <u>parce que</u> je suis capable de porter.
   - **A** oui
   - **B** non

9. Le chat s'est enfui <u>par ce qu'</u>il a aperçu un rat.
   - **A** oui
   - **B** non

---

**Astuce** La locution **parce que** introduit une réponse à la question « Pourquoi… ? ».
<u>Exemple</u> :
1. *Il est venu **parce qu'**il voulait te voir.*

## Module 75
## LES BASES

*Choisir les bons mots pour compléter les phrases suivantes :*

Corrigé page 257

1. Tu es en retard _____ tu n'as pas entendu le réveil.
   - **A** parce que
   - **B** par ce que

2. Les professeurs sont gênés _____ il a raconté.
   - **A** parce qu'
   - **B** par ce qu'

3. Je suis bilingue _____ mon père est espagnol.
   - **A** parce que
   - **B** par ce que

4. Nous sommes épatés _____ il sait faire avec des cerceaux !
   - **A** parce qu'
   - **B** par ce qu'

5. Je n'ai pas répondu _____ je ne voulais pas dire de bêtises.
   - **A** parce que
   - **B** par ce que

6. On sera là demain _____ on a très envie de te voir sur scène.
   - **A** parce qu'
   - **B** par ce qu'

7. Nous sommes déçues _____ les chanteurs ont choisi.
   - **A** parce que
   - **B** par ce que

8. Tout le monde sera content _____ c'est gratuit.
   - **A** parce que
   - **B** par ce que

9. Nadia appelle les pompiers _____ elle a vu un nid de guêpes.
   - **A** parce qu'
   - **B** par ce qu'

---

**Astuce** Le mot **par** est une préposition qui introduit un complément qui peut répondre à la question « par quoi...? ».
Exemple :
1. *Il est impressionné **par** ce que tu dis.*

VOTRE SCORE :

## Module 76
### LES BASES

**Focus** « c'est » ou « s'est » ? « ce sont » ou « se sont » ?

*Corrigé page 257*

*Les mots soulignés sont-ils correctement écrits ?*

1. Marielle s'est bien amusée à la fête foraine.
   - A oui
   - B non

2. Nous découvrons que c'est lui qui sera notre guide.
   - A oui
   - B non

3. Tes invités ce sont ennuyés, il n'y avait pas de musique.
   - A oui
   - B non

4. Se sont-elles retrouvées à temps pour prendre l'avion ?
   - A oui
   - B non

5. Êtes-vous contentes ? S'est en anglais !
   - A oui
   - B non

6. C'est la première fois que je vais au cirque.
   - A oui
   - B non

7. Est-ce que tes parents se sont acheté un bateau ?
   - A oui
   - B non

8. Ce sont mes meilleurs amis, ils sont souvent chez moi.
   - A oui
   - B non

9. C'est-on demandé s'il fallait un carton d'invitation ?
   - A oui
   - B non

---

**Astuce** Dans « **c'est** » et « **ce sont** », le « **c'/ce** » est un pronom démonstratif, on peut le remplacer par *ceci* ou *cela*.
Exemples :
1. *Un cadeau, comme **c'est** gentil !*
2. ***Ce sont** mes affaires.*

# Module 76
## LES BASES

*Choisir le bon mot pour compléter les phrases suivantes :*

**Corrigé page 257**

1. Je pense que _____ interdit, range ta caméra.
   - **A** c'est
   - **B** s'est
   - **C** ce sont

2. Les professeurs _____ retrouvés dans la cour.
   - **A** ce sont
   - **B** se sont
   - **C** s'est

3. Des singes _____ échappés du zoo.
   - **A** se sont
   - **B** s'est
   - **C** ce

4. Nous sommes étonnées, _____ de vrais diamants !
   - **A** ce sont
   - **B** se sont
   - **C** c'est

5. Ma cousine ne sait pas si _____ important pour toi.
   - **A** c'est
   - **B** se sont
   - **C** s'est

6. On _____ fait plein de copains en Italie.
   - **A** ce sont
   - **B** c'est
   - **C** s'est

7. Alors, _____ déjà fini ? Je n'ai rien vu...
   - **A** s'est
   - **B** se sont
   - **C** c'est

8. Les gens _____ précipités vers le buffet.
   - **A** c'est
   - **B** s'est
   - **C** se sont

9. Est-ce que _____ les comédiens que tu connais ?
   - **A** ce sont
   - **B** se sont
   - **C** c'est

---

**Astuce** Dans « **s'est** » et « **se sont** », le « **s'/se** » est un pronom personnel représentant « soi-même », « lui-même », « elle-même », « eux-mêmes », « elles-mêmes ». On le trouve toujours dans une forme pronominale du verbe (*se méfier*, *se lever*). Il est suivi du verbe *être* + d'un participe passé au passé composé.

<u>Exemples</u> :
1. *Il **s'est** levé tôt.*
2. *Elles **se sont** vues hier.*

# Module 77
## LES BASES

**Focus** « tu paries »

Corrigé page 257

*Les mots soulignés sont-ils correctement écrits ?*

1. Est-ce que tu <u>vérifis</u> la date de péremption ?
   - **A** oui
   - **B** non

2. Je vois que tu <u>plies</u> bien les chemises.
   - **A** oui
   - **B** non

3. Tu te <u>qualifis</u> pour la finale à chaque fois.
   - **A** oui
   - **B** non

4. <u>Modifies</u>-tu le texte que tu as écrit ?
   - **A** oui
   - **B** non

5. C'est toi qui <u>envis</u> ton voisin !
   - **A** oui
   - **B** non

6. Tu <u>paris</u> qu'il n'aura pas son portefeuille ?
   - **A** oui
   - **B** non

7. Est-ce que tu m'<u>épies</u> souvent ?
   - **A** oui
   - **B** non

8. <u>Confies</u>-tu tes secrets à tes amis ?
   - **A** oui
   - **B** non

9. Tu n'<u>oublis</u> jamais ta flûte à bec pour le cours.
   - **A** oui
   - **B** non

**Astuce** Les verbes du premier groupe qui se terminent par **-ier** (comme *scier*) conservent le « e » de l'infinitif à toutes les personnes au présent, sauf avec « nous » : *je scie, tu scies, il scie, nous scions, vous sciez, ils scient.*

**Module 77**
LES BASES

*Choisir le bon mot pour compléter les phrases suivantes :*

Corrigé page 257

1. Je pense que tu _____ plus prudemment que Jordan.
   - A skis
   - B skies
   - C skie

2. Est-ce que tu _____ dans le salon ?
   - A étudies
   - B étudis
   - C étudie

3. Le policier se _____ avec qui dans le film ?
   - A marie
   - B maris
   - C maries

4. Tu ne _____ pas assez les déchets.
   - A trit
   - B trie
   - C tries

5. Ma cousine se _____ à son instinct.
   - A fie
   - B fies
   - C fit

6. Tu _____ ce plat avec précaution.
   - A manies
   - B manie
   - C manis

7. Nous _____-tu à ton anniversaire ?
   - A convie
   - B convis
   - C convies

8. C'est toi qui _____ être entré dans son bureau.
   - A nie
   - B nies
   - C nit

9. Quand tu _____ ton adversaire, tu sembles méchant.
   - A défis
   - B défie
   - C défies

# Module 78
## LES BASES

**Focus** « sans », « s'en » ou « c'en » ?

*Les mots soulignés sont-ils correctement écrits ?*

1. Elle ne c'en est pas remise, de ce résultat.
   - A oui
   - B non

2. S'en est assez, je ne veux plus jouer avec toi !
   - A oui
   - B non

3. Toi, sans tes amis, tu es malheureux.
   - A oui
   - B non

4. S'en est-il souvenu au moment du contrôle ?
   - A oui
   - B non

5. C'est elle qui c'en est méfiée le plus…
   - A oui
   - B non

6. On sans fiche, on mange ce qu'on veut.
   - A oui
   - B non

7. Tu es venue s'en tes affaires de gym ?
   - A oui
   - B non

8. Sans ta sœur, tu ris moins souvent.
   - A oui
   - B non

9. S'en est fini de lui !
   - A oui
   - B non

---

**Astuce** *C'en* contient le pronom démonstratif *ce (ceci, cela)* et le pronom *en*.
**Exemple :** ***Cela*** *en est trop* > ***c'en*** *est trop !*

# Module 78
## LES BASES

*Choisir le bon mot pour compléter les phrases suivantes :*

**Corrigé page 257**

1. Je pense qu'elle _____ veut de l'avoir critiquée.
   - A sans
   - B c'en
   - C s'en

2. Tu peux dormir _____ couverture, il fait chaud !
   - A sans
   - B c'en
   - C s'en

3. De son chiot, Jeanne _____ occupe très bien.
   - A sans
   - B c'en
   - C s'en

4. _____ est trop, je ne veux plus l'écouter dire des bêtises !
   - A Sans
   - B C'en
   - C S'en

5. Ce sont ses devoirs, ils _____ mêlent trop.
   - A sans
   - B c'en
   - C s'en

6. _____ ses lunettes, elle ne voit rien !
   - A Sans
   - B C'en
   - C S'en

7. Pensent-elles qu'elles vont _____ sortir seules ?
   - A sans
   - B c'en
   - C s'en

8. C'est elle qui _____ soucie à chaque fois.
   - A sans
   - B c'en
   - C s'en

9. Que vas-tu faire _____ ton téléphone pendant une journée ?
   - A sans
   - B c'en
   - C s'en

**Astuce** **S'en** contient le pronom personnel *se*, on le trouve à la forme pronominale des verbes.
<u>Exemple</u> : *Il **se** moque de cela > il **s'en** moque.*

VOTRE SCORE :

# Module 79
## LES BASES

**Focus** « j'envoie »

*Les mots soulignés sont-ils correctement écrits ?*

1. Elle ne <u>joue</u> pas souvent au loto.
   - **A** oui
   - **B** non

2. <u>Nettois</u>-tu l'aquarium de Bubulle régulièrement ?
   - **A** oui
   - **B** non

3. C'est toi qui <u>appuis</u> sur les touches, promis.
   - **A** oui
   - **B** non

4. <u>Broit</u>-il des amandes pour les mettre dans la pâte ?
   - **A** oui
   - **B** non

5. C'est toi qui <u>noues</u> des liens avec les voisines.
   - **A** oui
   - **B** non

6. Si tu ne <u>renvoies</u> pas la fiche, tu ne seras pas inscrit.
   - **A** oui
   - **B** non

7. Est-ce toi qui <u>envois</u> ces blagues par texto ?
   - **A** oui
   - **B** non

8. <u>Vouvoies</u>-tu sa tante ?
   - **A** oui
   - **B** non

9. Elle se <u>noit</u> dans un verre d'eau.
   - **A** oui
   - **B** non

---

**Astuce** Les verbes du premier groupe qui se terminent par **-er** (comme *jouer, envoyer, aboyer, essuyer*) conservent le « e » de l'infinitif à toutes les personnes au présent, sauf avec « nous » : *je joue, tu essuies, il envoie, nous broyons, vous nettoyez, ils renouent*.

**Module 79**
**LES BASES**

*Choisir le bon mot pour compléter les phrases suivantes :*

Corrigé page 257

1. Il sait qu'on _____ des messages à Julie.
   - A envoie
   - B envoies
   - C envois

2. Ton chien n'_____ pas quand j'arrive.
   - A aboie
   - B aboies
   - C aboit

3. Elle _____ avec ton ami après des années.
   - A renoues
   - B renoue
   - C renout

4. _____-tu les verres qu'il a lavés ?
   - A Essuies
   - B Essuis
   - C Essuit

5. Tu _____ ton regard dans la mer turquoise.
   - A noit
   - B noie
   - C noies

6. _____-tu les invitations par courriel ?
   - A Envoie
   - B Envois
   - C Envoies

7. Est-ce toi qui _____ la table du jardin pour le déjeuner ?
   - A nettoies
   - B nettoie
   - C nettois

8. Ce lien nous _____ vers un article intéressant.
   - A renvois
   - B renvoie
   - C renvoies

9. Dire que tu _____ le principal !
   - A tutoie
   - B tutoies
   - C tutois

# Module 80
## LES BASES

**Focus** « leur » ou « leurs » ?

*Corrigé page 258*

*Les mots soulignés sont-ils correctement écrits ?*

1. Paola ne leur a jamais téléphoné.
   - A oui
   - B non

2. Leurs as-tu envoyé une carte de vœux ?
   - A oui
   - B non

3. Ce sont leurs chaussures, ils les ont laissées dans l'entrée.
   - A oui
   - B non

4. Leurs donneras-tu des nouvelles quand tu seras au Canada ?
   - A oui
   - B non

5. C'est toi qui leurs apporte des chocolats tous les dimanches.
   - A oui
   - B non

6. Leur fille est une danseuse très douée et gracieuse.
   - A oui
   - B non

7. Quels sont leurs résultats ?
   - A oui
   - B non

8. Leurs cheval est un pur-sang anglais.
   - A oui
   - B non

9. Elle leur est reconnaissante, ils l'ont hébergée.
   - A oui
   - B non

---

**Astuce** Le mot **leur** peut être un **déterminant possessif** (il indique qu'il y a plusieurs possesseurs). Dans ce cas, il s'accorde avec le nom qu'il accompagne et peut s'écrire « **leur** » ou « **leurs** » selon le nombre.
Exemples :
1. *Ils ont **leurs** journaux.*
2. *Ils sont venus avec **leur** enfant.*

**Module 80**
LES BASES

*Choisir le bon mot pour compléter les phrases suivantes :*

**Corrigé page 258**

1. Mon père souhaite qu'on _____ dise la vérité.
   - **A** leur
   - **B** leurs

2. As-tu lu _____ articles sur la classe inversée ?
   - **A** leur
   - **B** leurs

3. Nous _____ avons souhaité un bon voyage.
   - **A** leur
   - **B** leurs

4. _____ amis sont très bruyants !
   - **A** Leur
   - **B** Leurs

5. Tu _____ annonces que Ludivine est enceinte.
   - **A** leur
   - **B** leurs

6. _____ journal n'est pas arrivé ce matin.
   - **A** Leur
   - **B** Leurs

7. On _____ ouvre la porte du garage pour leur répétition.
   - **A** leur
   - **B** leurs

8. Vous et _____ enfants êtes bons amis.
   - **A** leur
   - **B** leurs

9. Dis-_____ que tu es arrivée la première, ils seront ravis !
   - **A** leur
   - **B** leurs

---

**Astuce** Le mot **leur** peut aussi être un **pronom personnel** qui a pour fonction COI. Dans ce cas, il est le pluriel de *lui* et s'écrira toujours « **leur** », sans « s ».
<u>Exemple</u> : *Je lui parle > je **leur** parle.*

# Module 81
## LES BASES

**Focus** « voie » ou « voix » ?

*Corrigé page 258*

*Les mots soulignés sont-ils correctement écrits ?*

1. Cette espèce est malheureusement en voie de disparition.
   - A oui
   - B non

2. As-tu emprunté la route à trois voies pour venir ?
   - A oui
   - B non

3. Quelle voie très grave, c'est étonnant !
   - A oui
   - B non

4. Mince, c'est une voix sans issue !
   - A oui
   - B non

5. Tu as de la chance d'avoir une voix qui porte.
   - A oui
   - B non

6. Elsa nous a annoncé son mariage de vive voie.
   - A oui
   - B non

7. Je ne reconnais jamais sa voix au téléphone.
   - A oui
   - B non

8. Combien de voies lui faut-il pour gagner l'élection ?
   - A oui
   - B non

9. La voie est libre, on peut sortir !
   - A oui
   - B non

---

**Astuce** Le mot voix (*ensemble des sons produits par le larynx* ; *discours* ; *parole* ; *expression de l'opinion*) vient du nom *vox* en latin, il se termine par la lettre « x », même au singulier.
Exemples :
1. *Cette chanteuse a une belle **voix**.*
2. *Ils l'ont élu par 5 **voix** contre 3.*

# Module 81
## LES BASES

*Choisir le bon mot pour compléter les phrases suivantes :*

**Corrigé page 258**

1. Il n'y a pas qu'une _____ pour réussir.
   - **A** voie
   - **B** voix

2. Nous nous promenons près de l'ancienne _____ ferrée.
   - **A** voie
   - **B** voix

3. Les _____ romaines permettaient le déplacement de l'armée.
   - **A** voies
   - **B** voix

4. Si tu pousses sur ta _____, tu risques d'être aphone demain.
   - **A** voie
   - **B** voix

5. Il est interdit de traverser les _____ dans la gare.
   - **A** voies
   - **B** voix

6. On peut observer la _____ lactée pendant les nuits claires.
   - **A** voie
   - **B** voix

7. Cette chanteuse a une _____ de cristal.
   - **A** voie
   - **B** voix

8. J'aime bien lire à haute _____.
   - **A** voie
   - **B** voix

9. Ce projet est en bonne _____, nous sommes heureux.
   - **A** voie
   - **B** voix

---

**Astuce** Le mot **voie** (*le chemin* ; *le passage*) vient du latin *via* et se termine par la lettre « e ».
**Exemple :**
1. *Il a trouvé sa **voie**.*

VOTRE SCORE :

# Module 82
## LES BASES

**Focus** « huit heures » et « huit euros » ?

Corrigé page 258

*Les mots soulignés sont-ils correctement écrits ?*

1. Le pain complet coûte seulement un <u>euro</u> ici.
   - **A** oui
   - **B** non

2. As-tu pris le train de trois <u>heure</u> ?
   - **A** oui
   - **B** non

3. Il est onze <u>heures</u>, elle n'est pas encore arrivée !
   - **A** oui
   - **B** non

4. Plus de dix <u>euros</u> pour une place de cinéma…
   - **A** oui
   - **B** non

5. Tu as dépensé trente <u>euro</u> à la fête foraine.
   - **A** oui
   - **B** non

6. Nous avons passé quatre <u>heures</u> au restaurant.
   - **A** oui
   - **B** non

7. À trois <u>heure</u> du matin, je ne dormais pas encore…
   - **A** oui
   - **B** non

8. Je pense que ma sœur me doit encore vingt <u>euro</u>.
   - **A** oui
   - **B** non

9. Si Flore arrive à neuf <u>heures</u>, on pourra participer à la course.
   - **A** oui
   - **B** non

---

**Astuce** Les mots *heure* et *euro* sont des noms communs. S'ils sont précédés d'un nombre égal ou supérieur à deux, ces noms communs se mettent au pluriel.
<u>Exemples</u> :
1. *Il est huit **heures**.*
2. *On lui doit cinq **euros**.*

# Module 82
## LES BASES

*Choisir le bon mot pour compléter les phrases suivantes :*

Corrigé page 258

1. Alexandre a passé une _____ au téléphone avec Iris.
   - **A** heure
   - **B** heures

2. Cette robe ne coûte que trente-six _____.
   - **A** euros
   - **B** euro

3. La boulangerie ferme à dix-neuf _____, dépêche-toi !
   - **A** heure
   - **B** heures

4. Elle va me faire un chèque de cinquante _____ pour le voyage.
   - **A** euros
   - **B** euro

5. Nous avons rendez-vous à huit _____ pour chanter.
   - **A** heure
   - **B** heures

6. Ce film dure trois _____, je risque de m'endormir.
   - **A** heure
   - **B** heures

7. Aurais-tu un _____ à me prêter pour le bus ?
   - **A** euros
   - **B** euro

8. Ma mère rentre à dix-huit _____ tous les soirs.
   - **A** heure
   - **B** heures

9. Son grand-père lui a donné un billet de dix _____.
   - **A** euros
   - **B** euro

# Module 83
## LES BASES

**Focus** « il entend »

Corrigé page 258

*Les verbes soulignés sont-ils correctement écrits ?*

1. Tout le monde <u>apprend</u> trois langues dans ce collège.
   - A oui
   - B non

2. Est-ce que ton correspondant te <u>comprent</u> ?
   - A oui
   - B non

3. C'est elle qui <u>répont</u> au téléphone à chaque fois.
   - A oui
   - B non

4. La forêt s'<u>étend</u> jusqu'au village voisin…
   - A oui
   - B non

5. C'est toi qui me <u>défends</u> quand mon frère me critique.
   - A oui
   - B non

6. Gabriel <u>confond</u> le vert et le bleu, il est daltonien.
   - A oui
   - B non

7. Kevin <u>prent</u> son petit-déjeuner dans le bus.
   - A oui
   - B non

8. Tu me <u>rends</u> mon livre préféré après l'avoir lu.
   - A oui
   - B non

9. Si notre voisin <u>vend</u> son canoë, on le lui achète.
   - A oui
   - B non

**Astuce** Les verbes en *-andre*, *-endre* et *-ondre* se conjuguent ainsi au présent : **-ds**, **-ds**, **-d**, **-dons**, **-dez**, **-dent**.
<u>Exemples</u> : 1. *L'huile se répan**d** sur le sol.* 2. *Il atten**d** dehors.* 3. *On répon**d**.*

**Module 83**
LES BASES

*Choisir le bon mot pour compléter les phrases suivantes :*

**Corrigé page 258**

1. La neige _____ à vue d'œil.
   - A font
   - B fonds
   - C fond

2. Le professeur d'anglais _____ les élèves.
   - A reprend
   - B reprends
   - C reprent

3. Est-ce tu m'_____ devant la gare ?
   - A attends
   - B attent
   - C attend

4. L'infirmière nous _____ quand on l'appelle.
   - A entends
   - B entent
   - C entend

5. Une odeur bizarre se _____ dans la cuisine.
   - A répands
   - B répand
   - C répant

6. Du linge _____ aux fenêtres dans ce village.
   - A pend
   - B pent
   - C pends

7. Le résultat _____ du travail fourni...
   - A dépent
   - B dépends
   - C dépend

8. Ma sœur _____ son point de vue sur l'éducation.
   - A défends
   - B défent
   - C défend

9. Ma grand-mère nous _____ en train de manger du chocolat.
   - A surprent
   - B surprend
   - C surprends

VOTRE SCORE :

## Module 84
### LES BASES

**Focus** « c » ou « ç » ?

*Les phrases suivantes sont-elles correctement écrites ?*

1. La glaçière est dans le coffre de la voiture.
   - **A** oui
   - **B** non

2. Nous avons reçu une lettre de remerciement.
   - **A** oui
   - **B** non

3. C'est elle qui sera déçue de ne pas te voir !
   - **A** oui
   - **B** non

4. Cette technique de mémorisation est très efficaçe...
   - **A** oui
   - **B** non

5. Il sait manier la sçie électrique.
   - **A** oui
   - **B** non

6. Le lancement de la fusée s'est bien passé.
   - **A** oui
   - **B** non

7. Layla a oublié de réserver sa plaçe.
   - **A** oui
   - **B** non

8. Nous adorons nous asseoir sur la balançoire.
   - **A** oui
   - **B** non

9. Ils ont conçu ce projet avec la classe.
   - **A** oui
   - **B** non

---

**Rappel** Devant les voyelles « e », « i » et « y », le « c » se prononce [s] comme dans *ceci*. Devant les voyelles « a », « o » et « u », le « c » se prononce [k] comme dans *cacao*.
On met une **cédille** au « c » (ç) pour transformer le son [k] en [s], elle n'est nécessaire que devant les voyelles « a », « o » et « u ».
Exemples :
1. *Il **lança** sa chemise.*
2. *Les **garçons** sortent.*

**Module 84**
**LES BASES**

*Choisir le bon mot pour compléter les phrases suivantes :*

**Corrigé page 258**

1. Et _____ mon nouveau dessin !
   - **A** voiçi
   - **B** voici

2. Les élèves ont _____ une biche sur la route.
   - **A** aperçu
   - **B** apercu

3. Je te _____, tu m'as bien aidée à rédiger mon exposé.
   - **A** remerçie
   - **B** remercie

4. Il y a un immense graffiti sur la _____ de l'immeuble.
   - **A** façade
   - **B** facade

5. Nous ne verrons pas ce dessin animé, quelle _____ !
   - **A** déçeption
   - **B** déception

6. Sébastien a pris sa _____, il va changer de classe.
   - **A** déçision
   - **B** décision

7. Il est rare de voir un si bel _____ !
   - **A** arc-en-çiel
   - **B** arc-en-ciel

8. Nous _____ cette planche en cours d'arts plastiques.
   - **A** perçons
   - **B** percons

9. Le _____ qui a construit ce mur est doué et rapide.
   - **A** maçon
   - **B** macon

# Module 85
## LES BASES

**Focus** « mange ! », mais « manges-en ! »

*Corrigé page 258*

*Les phrases suivantes sont-elles correctement écrites ?*

1. Ne rentre pas trop tard ce soir.
   - A oui
   - B non

2. Il y a trois biscuits, gardes-en un pour tout à l'heure.
   - A oui
   - B non

3. Si tu veux participer au voyage, parle-en à ton professeur.
   - A oui
   - B non

4. Ranges tes cahiers dans ton casier.
   - A oui
   - B non

5. Il manque de la farine, achètes-en.
   - A oui
   - B non

6. Traverses la route en regardant à droite et à gauche.
   - A oui
   - B non

7. Téléphones-leur après ton cours de solfège.
   - A oui
   - B non

8. S'il n'y a pas assez de jus d'orange, ouvres-en une bouteille.
   - A oui
   - B non

9. Si tu aimes les chemises, essaies celle-ci.
   - A oui
   - B non

---

**Astuce** À l'impératif présent (mode utilisé pour un ordre, un conseil ou une interdiction), les verbes du 1er groupe se conjuguent ainsi : **-e**, **-ons**, **-ez**. Il n'y a donc pas de « s » à la 2e personne du singulier (mang**e**, écout**e**).
Exception : quand ces verbes sont suivis des pronoms **en** et **y**, le « s » est maintenu pour permettre la liaison (*manges-en*, *penses-y*). Le verbe et le pronom sont reliés par un trait d'union.

**Module 85**
LES BASES

*Choisir le bon mot pour compléter les phrases suivantes :*

1. Tu as des questions, _____-en autant que tu veux.
   - **A** pose
   - **B** poses

2. _____ à ce que je t'ai dit sur la politesse.
   - **A** Pense
   - **B** Penses

3. Des araignées, _____-en pour les mettre dehors.
   - **A** attrapes
   - **B** attrape

4. Mon sac est sur la chaise, _____-le-moi vite.
   - **A** apporte
   - **B** apportes

5. Elle aime les fleurs, _____-lui un bouquet.
   - **A** offres
   - **B** offre

6. Allez, _____-lui la main pour descendre.
   - **A** donne
   - **B** donnes

7. Si tu veux qu'il t'entende, _____ son prénom.
   - **A** cries
   - **B** crie

8. Si tu aimes ce jeu, _____-y avec tes copains.
   - **A** joue
   - **B** joues

9. De la musique, _____-en plus souvent, ça va te calmer.
   - **A** écoute
   - **B** écoutes

---

**Astuce** *Si le *en* est une préposition suivi d'un nom ou d'un verbe au participe présent, on ne fait pas de liaison, on ne met pas de trait d'union et le verbe se termine toujours par « e ».
Exemples :
1. ***Mange*** *en silence.*
2. ***Parle*** *en marchant.*

# Module 86
## LES BASES

**Focus** « les quatre »

*Corrigé page 259*

*Les phrases suivantes sont-elles correctement écrites ?*

1. Il n'a pas aimé entendre ses quatre vérités.
   - A oui
   - B non

2. Les huits personnes ont été invitées.
   - A oui
   - B non

3. Tous les quatre ans a lieu la Coupe du monde de football.
   - A oui
   - B non

4. Mes neufs cousins passent les vacances ensemble.
   - A oui
   - B non

5. Marthe a fêté ses quatorzes ans.
   - A oui
   - B non

6. J'ai vu les sept saisons de cette série passionnante.
   - A oui
   - B non

7. Mon voisin élève ses cinqs chiens chez lui.
   - A oui
   - B non

8. Il m'a rendu les trente euros qu'il me devait.
   - A oui
   - B non

9. Ces quarantes élèves attendent un remplaçant.
   - A oui
   - B non

---

**Astuce** Les adjectifs numéraux *(quatre, trente, mille)* sont invariables.
Seules exceptions : *vingt(s)* et *cent(s)*.
Exemples : *Les **trente** euros* ; *ses **quatre** sœurs*.

**Module 86**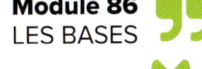
LES BASES

*Choisir le bon mot pour compléter les phrases suivantes :*

**Corrigé page 259**

1. Leurs _____ chevaux sont dressés.
   - **A** quatre
   - **B** quatres

2. Ces _____ animaux sont en voie d'extinction.
   - **A** huits
   - **B** huit

3. Il a passé les _____ derniers jours en Italie.
   - **A** cinquantes
   - **B** cinquante

4. Il a trouvé ces _____ cartes dans ton sac.
   - **A** mille
   - **B** milles

5. Mes _____ tantes sont mariées.
   - **A** neufs
   - **B** neuf

6. Dans les _____ prochains jours, il va neiger.
   - **A** septs
   - **B** sept

7. Les _____ premières années, ils ont vécu en ville.
   - **A** soixante
   - **B** soixantes

8. Connais-tu l'histoire d'*Ali Baba et les* _____ *voleurs* ?
   - **A** quarante
   - **B** quarantes

9. Tous les _____ ans, Vivien déménage.
   - **A** cinqs
   - **B** cinq

VOTRE SCORE :

# Module 87
## LES BASES

**Focus** « Est-ce que le repas est prêt ? »

*Corrigé page 259*

*Les phrases suivantes sont-elles correctement écrites ?*

1. Est-ce que ton frère est pompier ?
   - A oui
   - B non

2. Est-ce que Barbara a-t-elle des enfants ?
   - A oui
   - B non

3. Est-ce que tu as déjà vu des étoiles filantes ?
   - A oui
   - B non

4. Est-ce que Lucas a-t-il attrapé la rougeole ?
   - A oui
   - B non

5. Est-ce que mes voisins sont invités à notre fête ?
   - A oui
   - B non

6. Est-ce que ce cartable est-il assez grand pour toi ?
   - A oui
   - B non

7. Est-ce que les élèves ont décoré la salle ?
   - A oui
   - B non

8. Est-ce que mes amis auront des informations ?
   - A oui
   - B non

9. Est-ce qu'elle a donné son sang ?
   - A oui
   - B non

---

**Astuce** Dans une phrase interrogative, on peut : écrire les mots dans le même ordre que dans une phrase affirmative en ajoutant « est-ce que » au début, ou inverser le sujet et le verbe en les reliant par un trait d'union.
Exemples :
1. *Est-ce que Paul vient demain ?*
2. *Paul vient-il demain ?*

# Module 87
## LES BASES

*Choisir le bon mot pour compléter les phrases suivantes :*

**Corrigé page 259**

1. Est-ce que vous _____ adopté des chiens ?
   - **A** avez
   - **B** avez-vous

2. Est-ce que Gabin _____ content d'avoir ce jeu ?
   - **A** est-il
   - **B** est

3. Cet homme _____ nous aider à porter la valise ?
   - **A** peut-il
   - **B** peut

4. Est-ce que tu _____ à ses mensonges ?
   - **A** crois-tu
   - **B** crois

5. Est-ce que nous _____ du temps avant la fermeture ?
   - **A** avons-nous
   - **B** avons

6. Est-ce que Thomas _____ le japonais ?
   - **A** comprend-il
   - **B** comprend

7. Julia _____ des vêtements à une association ?
   - **A** donne-t-elle
   - **B** donne

8. Est-ce que tes amis _____ arriver tard ?
   - **A** vont
   - **B** vont-ils

9. Les courses _____ été livrées ?
   - **A** ont-elles
   - **B** ont

VOTRE SCORE :

# Module 88
## LES BASES

**Focus** « prêt » ou « près » ?

*Les mots soulignés sont-ils correctement écrits ?*

1. J'aimerais bien voir cet oiseau de plus <u>près</u>.
   - **A** oui
   - **B** non

2. Quand tu seras <u>prêt</u>, je pourrai démarrer.
   - **A** oui
   - **B** non

3. Nous sommes <u>près</u> à répondre à vos questions.
   - **A** oui
   - **B** non

4. Elle porte des lunettes pour voir de <u>prêt</u>.
   - **A** oui
   - **B** non

5. Es-tu <u>près</u> à passer la journée tout seul ?
   - **A** oui
   - **B** non

6. Vous étiez <u>prêt</u> de Bordeaux, vous les avez rencontrés.
   - **A** oui
   - **B** non

7. Ma sœur n'est pas <u>près</u> de lui faire confiance à nouveau !
   - **A** oui
   - **B** non

8. Tu trouveras les clés <u>près</u> de la porte.
   - **A** oui
   - **B** non

9. Je ne me sens pas <u>prêt</u> pour l'audition.
   - **A** oui
   - **B** non

---

**Astuce** Le mot **près** est une préposition. Il est généralement suivi de la préposition *de*. On peut le remplacer par le mot « proche » ou « sur le point de ».
*Exemples* :
1. *La mairie est **près** de chez moi.*
2. *Elle est **près** de s'évanouir.*

# Module 88
## LES BASES

*Compléter les phrases suivantes :*

**Corrigé page 259**

1. Quand tu seras _____ de la plage, appelle-moi.
   - **A** près
   - **B** prêt

2. Lucas est _____ à tout pour réussir.
   - **A** près
   - **B** prêt

3. Mon copain n'est jamais _____ à l'heure.
   - **A** près
   - **B** prêt

4. Mes parents m'emmènent _____ de Londres.
   - **A** près
   - **B** prêt

5. Vous êtes tout _____ de trouver l'indice.
   - **A** près
   - **B** prêt

6. Les touristes sont logés _____ de l'église.
   - **A** près
   - **B** prêt

7. Si tu es _____ à faire des efforts, tout se passera bien.
   - **A** près
   - **B** prêt

8. Quel dommage ! Rater si _____ du but !
   - **A** près
   - **B** prêt

9. Ils ne sont pas _____ de se revoir, c'est triste.
   - **A** près
   - **B** prêt

---

**Astuce** Le mot **prêt** est un adjectif qualificatif, il s'accorde en genre et en nombre (*prêt, prête, prêts, prêtes*). Il est généralement suivi de la préposition *à*.
Exemple :
1. *Il est **prêt** à partir.*

**Module 89**
LES BASES

**Focus** « langage » et « cauchemar »

*Les mots soulignés sont-ils correctement écrits ?*

1. Savez-vous si ces personnes parlent le même <u>language</u> ?
   - **A** oui
   - **B** non

2. Un linguiste est un spécialiste des langues et du <u>langage</u>.
   - **A** oui
   - **B** non

3. Le <u>langage</u> SMS permet d'écrire plus vite.
   - **A** oui
   - **B** non

4. Cet hôtel est un <u>cauchemard</u> pour les personnes sensibles au bruit.
   - **A** oui
   - **B** non

5. Faites-vous souvent le même <u>cauchemar</u> ?
   - **A** oui
   - **B** non

6. J'ai remarqué ses tics de <u>language</u> tout de suite.
   - **A** oui
   - **B** non

7. Mon pire <u>cauchemar</u> est d'être bloqué dans un ascenseur.
   - **A** oui
   - **B** non

8. Connais-tu le <u>language</u> informatique ?
   - **A** oui
   - **B** non

9. J'ai lu un article passionnant sur le <u>langage</u> des fleurs.
   - **A** oui
   - **B** non

**Astuce** Le nom **cauchemar** s'écrit sans « d », tandis qu'on dit/écrit : *cauchemarder, cauchemardesque*.

**Module 89**
LES BASES

*Compléter les phrases suivantes :*

**Corrigé page 259**

1. Tu devrais surveiller ton _____ devant ces gens.
   - A langage
   - B language

2. Mon petit frère a fait un _____ la nuit dernière.
   - A cauchemar
   - B cauchemard

3. Le nom « _____ » vient du nom « langue ».
   - A language
   - B langage

4. Ce film est effrayant, tu vas faire des _____.
   - A cauchemards
   - B cauchemars

5. Le _____ du corps permet de savoir si l'on ment.
   - A langage
   - B language

6. Un clown apparaissait dans mon _____.
   - A cauchemard
   - B cauchemar

7. Les animaux ont un _____ propre à chaque espèce.
   - A langage
   - B language

8. Quel _____ ! Tout a brûlé !
   - A cauchemar
   - B cauchemard

9. Il existe de nombreux troubles du _____.
   - A language
   - B langage

---

**Astuce** Le nom **langage** s'écrit sans « u », contrairement au nom anglais.

VOTRE SCORE :

# Module 90
## LES BASES

**Focus** « notre » ou « nôtre » ? « votre » ou « vôtre » ?

*Les mots soulignés sont-ils correctement écrits ?*

1. As-tu aperçu <u>nôtre</u> chaton dans le jardin ?
   - **A** oui
   - **B** non

2. Il faudrait que vous y mettiez du <u>vôtre</u> si vous voulez réussir.
   - **A** oui
   - **B** non

3. <u>Notre</u> ordinateur est tombé cette semaine.
   - **A** oui
   - **B** non

4. Ce tableau est <u>votre</u> seul souvenir de votre grand-mère.
   - **A** oui
   - **B** non

5. Voici notre devoir, puis-je voir le <u>votre</u> ?
   - **A** oui
   - **B** non

6. Si <u>vôtre</u> chauffage est en panne, venez chez nous.
   - **A** oui
   - **B** non

7. Robin pourrait rencontrer <u>nôtre</u> professeur de piano.
   - **A** oui
   - **B** non

8. Souvenez-vous de <u>votre</u> code secret !
   - **A** oui
   - **B** non

9. Votre père et le <u>notre</u> sont amis depuis dix ans.
   - **A** oui
   - **B** non

**Astuce** Les mots **notre** et **votre** sont des déterminants, ils sont suivis d'un nom au singulier.
<u>Exemples</u> : ***notre*** *mère ;* ***votre*** *journal.*

**Module 90**
**LES BASES**

*Compléter les phrases suivantes :*

1. Peux-tu garder _____ tortue pendant quelques jours ?
   - **A** notre
   - **B** nôtre

2. Sais-tu si _____ score sera affiché ?
   - **A** notre
   - **B** nôtre

3. Mon dessin est ici, je ne reconnais pas le_____.
   - **A** votre
   - **B** vôtre

4. On est fiers de _____ sœur, elle a gagné le tournoi.
   - **A** notre
   - **B** nôtre

5. Notre livre et le _____ sont sur la même étagère.
   - **A** votre
   - **B** vôtre

6. Est-ce que _____ cabane est bien solide ?
   - **A** notre
   - **B** nôtre

7. Les enfants ont vu _____ voiture télécommandée.
   - **A** votre
   - **B** vôtre

8. Votre potager est très différent du _____ !
   - **A** notre
   - **B** nôtre

9. Sur _____ bureau, vous trouverez la liste des élèves de 4ᵉ.
   - **A** votre
   - **B** vôtre

---

**Astuce** Les mots **nôtre** et **vôtre** sont des pronoms, ils sont en général précédés des articles *le* ou *la*. Ils remplacent les noms.
Exemples : *Ma mère est à Rio, où est la **vôtre** ?*

# Module 91
## LES BASES

**Focus** « avoir à faire » ou « avoir affaire » ?

Corrigé page 259

*Les mots soulignés sont-ils correctement écrits ?*

1. Tout est prêt, tu n'as plus rien <u>à faire</u>.
   - **A** oui
   - **B** non

2. Nous avons <u>affaire</u>, laisse-nous tranquilles.
   - **A** oui
   - **B** non

3. Qu'as-tu <u>affaire</u> pour préparer ton départ ?
   - **A** oui
   - **B** non

4. Esther a eu <u>à faire</u> à un client exigeant.
   - **A** oui
   - **B** non

5. J'ai <u>à faire</u> au directeur du magasin.
   - **A** oui
   - **B** non

6. Dylan ne pense qu'<u>affaire</u> des bêtises !
   - **A** oui
   - **B** non

7. Si vous continuez à faire du bruit, vous aurez <u>affaire</u> à moi !
   - **A** oui
   - **B** non

8. Tu ne mesures pas tout ce qu'il reste <u>à faire</u> !
   - **A** oui
   - **B** non

9. Je me sens prête <u>à faire</u> des efforts pour avoir le rôle.
   - **A** oui
   - **B** non

> **Astuce** L'expression « **avoir affaire** » est en général suivie de la préposition *à*. Cette expression signifie : avoir à discuter avec une personne, être en contact avec cette personne.
> <u>Exemple</u> : *J'ai eu **affaire** à ce professeur, il est sérieux.*

**Module 91**
LES BASES

*Compléter les phrases suivantes :*

1. Nous aurons beaucoup _____ en arrivant là-bas.
   - A à faire
   - B affaire

2. Aurons-nous _____ à ce professeur ?
   - A à faire
   - B affaire

3. Passer des heures au téléphone, n'as-tu que ça _____ ?
   - A à faire
   - B affaire

4. Ils n'ont pas eu _____ aux meilleurs élèves...
   - A à faire
   - B affaire

5. Vous avez trop _____ pour perdre du temps.
   - A à faire
   - B affaire

6. Les clients ont eu _____ aux gendarmes.
   - A à faire
   - B affaire

7. Si tu es le seul _____ un gâteau, on n'en aura pas assez.
   - A à faire
   - B affaire

8. Les filles ont eu _____ au capitaine de l'équipe.
   - A à faire
   - B affaire

9. Tu ne penses qu' _____ de la guitare.
   - A à faire
   - B affaire

---

**Astuce** Dans l'expression « **avoir à faire** », « à faire » est en deux mots. On peut remplacer cette expression par « avoir des choses à réaliser ».
Exemple : *J'ai beaucoup **à faire** avant mon voyage.*

## Module 92
### LES BASES

**Focus** « peut être » ou « peut-être » ?

*Les mots soulignés sont-ils correctement écrits ?*

1. Tu es <u>peut-être</u> occupé, je t'appellerai plus tard.
   - **A** oui
   - **B** non

2. Tout <u>peut être</u> vendu si le prix est juste.
   - **A** oui
   - **B** non

3. Choupette <u>peut-être</u> n'importe où à l'heure qu'il est.
   - **A** oui
   - **B** non

4. Nous aurons <u>peut être</u> un prix pour notre invention.
   - **A** oui
   - **B** non

5. Est-ce que Jade <u>peut être</u> assise au premier rang ?
   - **A** oui
   - **B** non

6. Vous pensez <u>peut-être</u> que nous allions accepter votre aide…
   - **A** oui
   - **B** non

7. Si vous travaillez, vous aurez <u>peut être</u> une bonne note.
   - **A** oui
   - **B** non

8. Nous savons que ce chien <u>peut-être</u> un peu agité…
   - **A** oui
   - **B** non

9. Je vais <u>peut être</u> passer le voir demain.
   - **A** oui
   - **B** non

---

**Astuce** Le mot composé « **peut-être** » est un adverbe qui marque le doute, il est synonyme de « probablement » et s'écrit avec un trait d'union.
<u>Exemple</u> : *J'aurai **peut-être** le rôle.*

**Module 92**
LES BASES

*Compléter les phrases suivantes :*

1. Nous aurons _____ besoin de tes outils.
   - A peut être
   - B peut-être

2. Est-ce qu'elle _____ intéressée par ce sujet ?
   - A peut être
   - B peut-être

3. Mon copain _____ reçu dans cette école.
   - A peut être
   - B peut-être

4. Ils n'ont _____ pas pu se libérer…
   - A peut être
   - B peut-être

5. Karim sera _____ à la fête foraine.
   - A peut être
   - B peut-être

6. Le maire _____ interrogé sur les travaux.
   - A peut être
   - B peut-être

7. Tu as _____ déjà reçu les tickets de tombola.
   - A peut être
   - B peut-être

8. Ce sac _____ utilisé pour les voyages.
   - A peut être
   - B peut-être

9. Ta question _____ gênante pour lui.
   - A peut être
   - B peut-être

---

**Astuce** Dans « **peut être** », il y a le verbe *pouvoir* (qui peut se conjuguer à d'autres temps) (*pouvait, pourra, pourrait*) et le verbe/auxiliaire *être*.
Exemple : *Il **peut être** en retard.*

# Module 93
## LES BASES

**Focus** « magasin » et « magazine » ?

Corrigé page 260

*Les mots soulignés sont-ils correctement écrits ?*

1. Ce magazin de chaussures est ouvert tous les jours.
   - A oui
   - B non

2. Les journalistes de ce magasine sont sérieux.
   - A oui
   - B non

3. Ce magazine sort tous les mois.
   - A oui
   - B non

4. Pourrais-tu m'emmener au magazin de vêtements ?
   - A oui
   - B non

5. Dans quel magasin as-tu trouvé cette coque de téléphone ?
   - A oui
   - B non

6. Il a vendu le magazin familial en 2018.
   - A oui
   - B non

7. Chez le coiffeur, je lis des magazines de mode.
   - A oui
   - B non

8. J'aime beaucoup les photos de ce magasine !
   - A oui
   - B non

9. Les magasins du quartier sont vides…
   - A oui
   - B non

**Astuce** Un **magasin** (avec un « s ») est un endroit dans lequel on vend des marchandises.

**Module 93**
LES BASES

*Compléter les phrases suivantes :*

1. Nous achetons un _____ à Rennes.
   - **A** magasin
   - **B** magazin

2. Est-ce qu'elle a déjà lu ce _____ ?
   - **A** magazine
   - **B** magasine

3. Ses parents l'attendent à l'entrée du _____.
   - **A** magazin
   - **B** magasin

4. Il achète des _____ sur la pêche.
   - **A** magazines
   - **B** magasines

5. Ma cousine tient un _____ de souvenirs à Avignon.
   - **A** magasin
   - **B** magazin

6. Ce _____ a dû fermer pour travaux.
   - **A** magazin
   - **B** magasin

7. Ce _____ remporte un franc succès.
   - **A** magazine
   - **B** magasine

8. J'ai trouvé ces bottes de pluie dans son _____.
   - **A** magasin
   - **B** magazin

9. Je n'ai pas reçu mon _____ ce mois-ci.
   - **A** magasine
   - **B** magazine

**Astuce** Un **magazine** est une publication périodique qui traite de sujets divers. Le nom **magazine** a été emprunté à l'anglais qui l'avait lui-même emprunté au français.

# Module 94
## LES BASES

**Focus** « dites » ou « dîtes » ?

Corrigé page 260

*Les mots soulignés sont-ils correctement écrits ?*

1. Ne <u>dites</u> pas trop de gros mots devant lui !
   - **A** oui
   - **B** non

2. Ce que vous <u>dîtes</u> est très intéressant, je vous écoute.
   - **A** oui
   - **B** non

3. Si vous <u>dîtes</u> que je peux sortir, je sors.
   - **A** oui
   - **B** non

4. <u>Dites</u>-moi donc qui sera là ce soir !
   - **A** oui
   - **B** non

5. Vous ne me <u>dîtes</u> pas où vous êtes.
   - **A** oui
   - **B** non

6. Vous vous <u>dites</u> bonjour tous les jours depuis un mois.
   - **A** oui
   - **B** non

7. Autrefois, vous <u>dîtes</u> qu'il était votre cousin, n'est-ce pas ?
   - **A** oui
   - **B** non

8. Je suis souvent d'accord avec ce que vous <u>dites</u>.
   - **A** oui
   - **B** non

9. <u>Dites</u>-moi à quelle heure il arrive.
   - **A** oui
   - **B** non

---

**Astuce** Le verbe *dire* se conjugue ainsi au présent de l'indicatif : *je dis, tu dis, il dit, nous disons, vous **dites**\*, ils disent.*
*Et à l'impératif : dis, disons, **dites**\*.*
\* Sans accent sur le « i ».

# Module 94
## LES BASES

*Compléter les phrases suivantes :*

1. Ce que vous _____ en ce moment est faux !
   - A dites
   - B dîtes

2. Vous vous rencontrâtes et vous vous _____ bonjour.
   - A dites
   - B dîtes

3. Est-ce que ce que vous _____ est vrai ?
   - A dites
   - B dîtes

4. Allez, _____-moi tout !
   - A dites
   - B dîtes

5. Ils arrivèrent et vous _____ quelques phrases en anglais.
   - A dites
   - B dîtes

6. Ce que vous _____ m'intéresse beaucoup.
   - A dites
   - B dîtes

7. Vous ne _____ pas où se cache votre chat.
   - A dites
   - B dîtes

8. Vous fûtes présenté à tous et vous _____ votre prénom.
   - A dites
   - B dîtes

9. Si c'est possible, _____-le-nous rapidement !
   - A dites
   - B dîtes

**Astuce** Le verbe *dire* se conjugue ainsi au passé simple : *je dis, tu dis, il dit, nous dîmes, vous **dîtes**\*, ils dirent.*
\* Un accent circonflexe sur le « i ».

## Module 95
### LES BASES

**Focus** « davantage » ou « d'avantage(s) » ?

*Corrigé page 260*

*Les mots soulignés sont-ils correctement écrits ?*

1. Je mange <u>davantage</u> le week-end, car j'ai le temps.
   - **A** oui
   - **B** non

2. Avec la carte, vous pourrez bénéficier <u>d'avantages</u> importants.
   - **A** oui
   - **B** non

3. Ryan est <u>d'avantage</u> attentif ces derniers temps.
   - **A** oui
   - **B** non

4. Peux-tu me donner <u>davantage</u> de détails sur le cours ?
   - **A** oui
   - **B** non

5. Il faudrait <u>d'avantage</u> de participants pour jouer.
   - **A** oui
   - **B** non

6. Tu n'as pas <u>davantage</u> à arriver en retard.
   - **A** oui
   - **B** non

7. Je lis <u>d'avantage</u> de romans depuis un an.
   - **A** oui
   - **B** non

8. Nous ne pouvons donner <u>davantage</u> à votre association.
   - **A** oui
   - **B** non

9. Il y a peu <u>d'avantages</u> à vivre près de la ville.
   - **A** oui
   - **B** non

---

**Astuce** Le mot **davantage** (en un seul mot) est un adverbe qui signifie « plus ».
<u>Exemple</u> : *Je souhaite **davantage** de salade.*

**Module 95**
LES BASES

*Compléter les phrases suivantes :*

1. Tu aimes ce gâteau, en veux-tu _____ ?
   - **A** davantage
   - **B** d'avantage

2. S'il y a peu _____ à changer de place, je reste ici.
   - **A** davantage
   - **B** d'avantages

3. Ses parents voudraient qu'il travaille _____ .
   - **A** davantage
   - **B** d'avantage

4. Manger à la cantine présente beaucoup _____.
   - **A** davantage
   - **B** d'avantages

5. Cette année, Julia a _____ d'amis.
   - **A** davantage
   - **B** d'avantage

6. Des photos, il voudrait en prendre _____.
   - **A** davantage
   - **B** d'avantage

7. En lisant _____, vous améliorerez votre orthographe.
   - **A** davantage
   - **B** d'avantage

8. Cette solution offre plus _____.
   - **A** davantage
   - **B** d'avantages

9. Il n'y a parfois pas _____ à parler trop.
   - **A** davantage
   - **B** d'avantage

**Astuce** Le nom **avantage** a pour synonyme « bénéfice », « atout » ou « intérêt ». Il peut être précédé du mot « de » qui s'élide (« d' »).
*Exemple : Cela présente beaucoup **d'avantages**.*

# Module 96
## LES BASES

**Focus** « accueil » + autres mots en -cueil

Corrigé page 260

*Les mots soulignés sont-ils correctement écrits ?*

1. L'<u>accueil</u> dans ce restaurant est exceptionnel.
   - **A** oui
   - **B** non

2. Nous avons acheté un <u>receuil</u> de poèmes ici.
   - **A** oui
   - **B** non

3. Vas-tu <u>ceuillir</u> des pommes du jardin ?
   - **A** oui
   - **B** non

4. Vous allez <u>recueillir</u> les impressions des élèves.
   - **A** oui
   - **B** non

5. Quand aura lieu la <u>cueillette</u> des champignons ?
   - **A** oui
   - **B** non

6. Tu ne peux pas <u>acceuillir</u> autant de monde chez toi.
   - **A** oui
   - **B** non

7. Nous avons <u>recueilli</u> un oiseau blessé dans la classe.
   - **A** oui
   - **B** non

8. Des personnes vous <u>accueilleront</u> devant le collège.
   - **A** oui
   - **B** non

9. Le gendarme <u>receuille</u> les témoignages des voisins.
   - **A** oui
   - **B** non

---

**Astuce** Dans les verbes « cueillir », « accueillir », « recueillir » (et les noms correspondants : « cueillette », « accueil », « recueil », etc.), le « u » est toujours **avant** le « e » pour que l'on prononce le « c » comme un « k ».

# Module 96
## LES BASES

*Compléter les phrases suivantes :*

*Corrigé page 260*

1. Tu m'attendras à l'_____ du magasin.
   - **A** acceuil
   - **B** accueil

2. Il y a peu de _____ de cet auteur.
   - **A** recueils
   - **B** receuils

3. Ses frères vont _____ des mûres.
   - **A** ceuillir
   - **B** cueillir

4. Nos amis nous _____ les bras ouverts.
   - **A** accueillent
   - **B** acceuillent

5. Cette année, Luce a _____ trois chatons.
   - **A** recueilli
   - **B** receuilli

6. La _____ des noisettes a commencé.
   - **A** ceuillette
   - **B** cueillette

7. L'_____ n'est pas encore ouvert.
   - **A** accueil
   - **B** acceuil

8. Ce _____ est un cadeau de mon oncle.
   - **A** receuil
   - **B** recueil

9. Je ne _____ jamais les pommes du voisin !
   - **A** ceuille
   - **B** cueille

VOTRE SCORE :

# Module 97
## LES BASES

**Focus** « créée »

*Corrigé page 260*

*Les mots soulignés sont-ils correctement écrits ?*

1. Cette robe a été <u>créée</u> dans cet atelier.
   - **A** oui
   - **B** non

2. Les modes <u>crées</u> sont étonnantes.
   - **A** oui
   - **B** non

3. Des formes originales ont été <u>créées</u>.
   - **A** oui
   - **B** non

4. Si ton adresse est <u>créée</u>, tu peux envoyer des messages.
   - **A** oui
   - **B** non

5. Des amitiés se sont <u>crées</u> en colonie.
   - **A** oui
   - **B** non

6. Cette œuvre a-t-elle été <u>créée</u> en France ?
   - **A** oui
   - **B** non

7. J'aime beaucoup la poésie qu'il a <u>crée</u>.
   - **A** oui
   - **B** non

8. Comment cette machine a-t-elle été <u>créée</u> ?
   - **A** oui
   - **B** non

9. La publicité qu'il a <u>crée</u> est drôle.
   - **A** oui
   - **B** non

---

**Astuce** Le participe passé des verbes du 1er groupe se terminent par **-é**, ainsi les participes passés des verbes en **-éer** se terminent par **-éé** : créé, agréé, suppléé. Donc au féminin, le participe passé se termine par **-éée**.
<u>Exemple</u> : *Elle a été **créée** par lui.*

**Module 97**
LES BASES

*Compléter les phrases suivantes :*

**Corrigé page 260**

1. Je regarde la série qu'ils ont _____ l'année dernière.
   - **A** crée
   - **B** créée

2. Certaines tentures sont _____ en usine.
   - **A** créées
   - **B** crées

3. La sculpture _____ dans l'atelier est immense.
   - **A** créée
   - **B** cré

4. Il a vendu cette tapisserie _____ en 1900.
   - **A** crée
   - **B** créée

5. Ces tables ont été _____ sur mesure.
   - **A** créées
   - **B** crées

6. La société qu'ils ont _____ est à Lille.
   - **A** crée
   - **B** créée

7. La chanson _____ pour le film est magnifique.
   - **A** créée
   - **B** crées

8. Je rêve que soit _____ une nouvelle école.
   - **A** crée
   - **B** créée

9. Certaines races d'animaux sont _____ par l'homme !
   - **A** crées
   - **B** créées

VOTRE SCORE :

# Module 98
## LES BASES

**Focus** « voir » ou « voire » ?

*Les mots soulignés sont-ils correctement écrits ?*

1. Nous allons <u>voir</u> un film d'horreur.
   - **A** oui
   - **B** non

2. Ces élèves en sortie sont agités, <u>voir</u> surexcités.
   - **A** oui
   - **B** non

3. Qu'y a-t-il à <u>voire</u> dans ce musée ?
   - **A** oui
   - **B** non

4. Le voyage durera deux jours, <u>voire</u> trois.
   - **A** oui
   - **B** non

5. J'achèterai quatre baguettes, <u>voir</u> quatre.
   - **A** oui
   - **B** non

6. Nous sommes venus le <u>voire</u> l'été dernier.
   - **A** oui
   - **B** non

7. Je vais <u>voir</u> s'il me reste des bonbons.
   - **A** oui
   - **B** non

8. Ce remède est efficace, <u>voire</u> miraculeux !
   - **A** oui
   - **B** non

9. Ne pas te <u>voire</u> pendant trois jours va être difficile…
   - **A** oui
   - **B** non

---

**Astuce** Le mot **voire** (avec un « e ») est un adverbe (donc invariable) qui signifie « et même ».
<u>Exemple</u> : *Des mois, **voire** des années.*

# Module 98
## LES BASES

*Compléter les phrases suivantes :*

1. Nous achèterons un ticket, _____ trois.
   - **A** voir
   - **B** voire

2. Est-ce qu'elle pourra _____ sa petite sœur ?
   - **A** voir
   - **B** voire

3. Nous ne voulons plus la _____, elle est méchante.
   - **A** voir
   - **B** voire

4. Il rend ses exercices à temps, _____ en avance.
   - **A** voir
   - **B** voire

5. Ce spectacle a été un succès, _____ un triomphe !
   - **A** voir
   - **B** voire

6. Ce que nous allons _____ au cinéma va te plaire.
   - **A** voir
   - **B** voire

7. Ophélie aura 17/20, _____ plus.
   - **A** voir
   - **B** voire

8. Mon cousin veut _____ ton jeu vidéo.
   - **A** voir
   - **B** voire

9. J'ai été content, _____ enchanté de le rencontrer.
   - **A** voir
   - **B** voire

---

**Astuce** Le mot **voir** (percevoir des images) est un **verbe** qui se conjugue.
*Exemple : Je **vois** clair dans son jeu !*

# Module 99
## LES BASES

**Focus** « censé » ou « sensé » ?

*Corrigé page 261*

*Les mots soulignés sont-ils correctement écrits ?*

1. Nous sommes <u>censés</u> recevoir un prix.
   - A oui
   - B non

2. Les personnes <u>sensées</u> réussissent.
   - A oui
   - B non

3. N'était-elle pas <u>censée</u> travailler cet après-midi ?
   - A oui
   - B non

4. Et moi, je suis <u>sensé</u> rester là tout seul.
   - A oui
   - B non

5. Ce professeur dit des choses <u>censées</u>.
   - A oui
   - B non

6. Nous ne sommes pas <u>sensés</u> nous voir.
   - A oui
   - B non

7. C'est la parole la plus <u>censée</u> qui soit !
   - A oui
   - B non

8. Ce médicament est <u>censé</u> te soulager.
   - A oui
   - B non

9. Il est <u>sensé</u> de se préparer avant de partir loin...
   - A oui
   - B non

---

**Astuce** Le mot **censé** (avec un « c ») est un adjectif qui signifie « supposé ». Il est presque toujours suivi par un verbe à l'infinitif.
<u>Exemple</u> : *Il n'était pas **censé** être là.*

# Module 99
## LES BASES

*Compléter les phrases suivantes :*

1. Ce cadeau est _____ lui faire plaisir.
   - **A** censé
   - **B** sensé

2. Une personne plus _____ t'aidera.
   - **A** censée
   - **B** sensée

3. En voilà un conseil _____ !
   - **A** censé
   - **B** sensé

4. Qui est _____ partir en premier ?
   - **A** censé
   - **B** sensé

5. Ce spectacle est _____ nous faire rire.
   - **A** censé
   - **B** sensé

6. J'attends un avis _____ pour me décider.
   - **A** censé
   - **B** sensé

7. Hugo est _____ nous aider à mettre le couvert...
   - **A** censé
   - **B** sensé

8. Jeanne est la fille la plus _____ que je connaisse.
   - **A** censée
   - **B** sensée

9. Louise était _____ apporter du pain.
   - **A** censée
   - **B** sensée

---

**Astuce** Le mot **sensé** (avec un « s ») est un adjectif qui signifie « qui a du (bon) sens ». Il vient du mot « sens ».
Exemple : *Cet homme est très **sensé**.*

# Module 100
## LES BASES

**Focus** « ce faisant » ou « se faisant » ?

*Corrigé page 261*

*Les mots soulignés sont-ils correctement écrits ?*

1. Pour se faire respecter, il faut respecter les autres.
   - A oui
   - B non

2. Pour ce faire, tu prendras ton compas.
   - A oui
   - B non

3. Se faisant, ils ont gagné le match.
   - A oui
   - B non

4. Elles vont se faire gronder, c'est sûr !
   - A oui
   - B non

5. Sur ce, je te dis au revoir…
   - A oui
   - B non

6. Les chiens iront se faire tatouer.
   - A oui
   - B non

7. Pour ce faire, Romane a lu deux livres par semaine.
   - A oui
   - B non

8. Les élèves qui veulent participer vont ce faire inscrire.
   - A oui
   - B non

9. Il faut, pour se faire, réfléchir en silence.
   - A oui
   - B non

---

**Astuce** Le mot **ce** associé au verbe *faire* est un ***pronom démonstratif***. On peut le remplacer par le pronom « cela ». On voit aussi *ce* dans les expressions comme : « *sur ce* », « *et ce* » et « *ce me semble* ».
<u>Exemple</u> : ***Ce** faisant, il a réussi. > En faisant cela, il a réussi.*

**Module 100**
LES BASES

*Compléter les phrases suivantes :*

1. Elle révise régulièrement, _____ faisant, elle y arrive.
   - A ce
   - B se

2. Pour _____ faire, tiens les aiguilles correctement.
   - A ce
   - B se

3. Les personnes _____ faisant aider réussissent mieux.
   - A ce
   - B se

4. Perrine est sérieuse pour _____ faire admettre.
   - A ce
   - B se

5. Pour _____ faire, choisis une carte.
   - A ce
   - B se

6. Pour _____ faire prendre en photo, il faut demander.
   - A ce
   - B se

7. Clara va _____ faire arrêter si elle conduit ainsi.
   - A ce
   - B se

8. Il a triché, _____ faisant, il a gagné la partie.
   - A ce
   - B se

9. Sarah a tout fait pour _____ faire accepter dans le club.
   - A ce
   - B se

**Astuce** Le mot **se** est un pronom personnel réfléchi représentant « soi », « lui-même » ou « elle-même ». Lorsque l'on conjugue le verbe précédé de « se », cela donne : *je me..., tu te..., il/elle/on* **se**..., *nous nous..., vous vous..., ils/elles* **se**...
<u>Exemple</u> : *Elle va* **se** *faire couper les cheveux.*

## Module 101
## LES BASES

**Focus** « va » ou « vas » ?

*Corrigé page 261*

*Les mots soulignés sont-ils correctement écrits ?*

1. Ne <u>va</u> pas voir ce film, tu ne vas pas l'aimer.
   - **A** oui
   - **B** non

2. Allez, c'est l'heure, <u>vas</u>-y !
   - **A** oui
   - **B** non

3. <u>Vas</u> chercher tes lunettes pour lire.
   - **A** oui
   - **B** non

4. <u>Va</u> au collège à vélo.
   - **A** oui
   - **B** non

5. N'y <u>vas</u> pas sans moi.
   - **A** oui
   - **B** non

6. Ce mur est vide, <u>vas</u> y coller une affiche.
   - **A** oui
   - **B** non

7. Julien, <u>va</u> appeler ton amie.
   - **A** oui
   - **B** non

8. Il pleut, <u>va</u> mettre un imperméable.
   - **A** oui
   - **B** non

9. Ne <u>vas</u> plus au cinéma sans ta carte.
   - **A** oui
   - **B** non

**Astuce** Le verbe *aller* se conjugue ainsi à l'impératif : *va, allons, allez.*
Lorsque le pronom *y* est attaché à **va**, qu'il remplace un lieu et qu'il complète le verbe *aller*, **va** s'écrit « vas » pour permettre la liaison.
<u>Exemple</u> : *Va à la gare.* > **Vas**-*y*.

# Module 101
## LES BASES

*Compléter les phrases suivantes :*

**Corrigé page 261**

1. Bien sûr, _____ le voir à l'hôpital.
   - **A** va
   - **B** vas

2. S'il te plaît, _____ chercher ton petit frère.
   - **A** va
   - **B** vas

3. Tu connais le chemin, _____-y sans nous.
   - **A** va
   - **B** vas

4. Prends les clés et _____ leur ouvrir.
   - **A** va
   - **B** vas

5. Ne _____ pas sauter dans les flaques !
   - **A** va
   - **B** vas

6. Il est tôt, _____ te recoucher.
   - **A** va
   - **B** vas

7. Tu aimes danser, alors _____-y !
   - **A** va
   - **B** vas

8. Tu as choisi ton casier, _____ y déposer ton cahier.
   - **A** va
   - **B** vas

9. Cette exposition est passionnante, _____-y.
   - **A** va
   - **B** vas

**Attention** : Si le pronom *y* est suivi d'un verbe à l'infinitif, celui-ci complète le 2$^e$ verbe et n'est donc pas relié par un trait d'union à « va » (qui ne prend pas de « s »).
Exemple : *Le placard est là, **va** y mettre le sel.*

VOTRE SCORE :

# Module 102
## LES BASES

**Focus** « je serai » ou « je serais » ?

Corrigé page 261

*Les mots soulignés sont-ils correctement écrits ?*

1. Je ne <u>serai</u> pas là vendredi.
   - **A** oui
   - **B** non

2. Je <u>viendrais</u> si j'avais le temps de jouer.
   - **A** oui
   - **B** non

3. Promis, je t'<u>enverrais</u> une carte postale de New York.
   - **A** oui
   - **B** non

4. J'<u>irais</u> bien nager, mais je n'ai pas mon maillot !
   - **A** oui
   - **B** non

5. Quand je le <u>verrai</u>, je lui dirai ce que j'ai rapporté...
   - **A** oui
   - **B** non

6. Je <u>voudrais</u> bien prendre rendez-vous avec lui.
   - **A** oui
   - **B** non

7. <u>Pourrais</u>-je t'emprunter ton livre s'il te plaît ?
   - **A** oui
   - **B** non

8. Si je me concentrais en cours, je <u>serai</u> meilleur en anglais.
   - **A** oui
   - **B** non

9. Je suis désolée, je ne <u>pourrais</u> pas venir te chercher.
   - **A** oui
   - **B** non

---

**Astuce** Les terminaisons du **conditionnel présent** sont les suivantes : **-rais, -rais, -rait, -rions, -riez, -raient**. On utilise le conditionnel après une condition à l'imparfait, pour donner une information incertaine, une éventualité et dans les formules de politesse.
Exemple : *Si tu venais, je **serais** content.*
En cas d'hésitation, remplacez « je » par « on », si vous pouvez dire « on ferait », c'est que « je ferais » s'écrit avec un « s ».

# Module 102
## LES BASES

*Compléter les phrases suivantes :*

1. Je _____ du piano devant toi si j'étais moins timide.
   - **A** jouerai
   - **B** jouerais

2. Je pense que je ne_____ jamais ce livre.
   - **A** finirais
   - **B** finirai

3. À ta place, je _____ attention à ce que je dis.
   - **A** ferais
   - **B** ferai

4. Je ne _____ pas cette matière si j'étais toi.
   - **A** choisirai
   - **B** choisirais

5. Je n'_____ jamais lui parler, il est trop impressionnant !
   - **A** oserai
   - **B** oserais

6. Je _____ s'il ne venait pas ce soir.
   - **A** comprendrais
   - **B** comprendrai

7. C'est moi qui _____ avant toi à la gare.
   - **A** arriverai
   - **B** arriverais

8. Je _____ bien un peu plus de sucre...
   - **A** mettrais
   - **B** mettrai

9. Quand j'_____ ma console, tu viendras chez moi.
   - **A** aurai
   - **B** aurais

---

**Astuce** Les terminaisons du **futur simple** sont les suivantes : **-rai, -ras, -ra, -rons, -rez, -ront.**
On utilise le futur pour une action à venir certaine.
<u>Exemple</u> : *Je serai là à midi.*
En cas d'hésitation, remplacez « je » par « on », si vous pouvez dire « on fera », c'est que « je ferai » s'écrit sans « s ».

# Module 103
## LES BASES

**Focus** « hormis » ou « parmi » ?

*Corrigé page 261*

*Les mots soulignés sont-ils correctement écrits ?*

1. Nous avons tout, <u>hormis</u> nos lunettes.
   - **A** oui
   - **B** non

2. Nous voyons des maisons <u>parmis</u> les arbres.
   - **A** oui
   - **B** non

3. <u>Hormi</u> Claire, tout le monde a signé la carte.
   - **A** oui
   - **B** non

4. J'aimerais nager <u>parmi</u> les dauphins.
   - **A** oui
   - **B** non

5. Tu aimes toutes les matières, <u>hormis</u> la géographie.
   - **A** oui
   - **B** non

6. Quelqu'un <u>parmis</u> vous a-t-il vu mon sweat ?
   - **A** oui
   - **B** non

7. <u>Hormis</u> trois élèves, je connais toute la classe.
   - **A** oui
   - **B** non

8. Tu as tout prévu, <u>hormi</u> la pluie…
   - **A** oui
   - **B** non

9. Lise ne sera pas <u>parmi</u> nous au musée.
   - **A** oui
   - **B** non

> **Astuce** Le mot **hormis** est une préposition qui vient de « mis hors » (en dehors). Il s'écrit toujours avec un « s ». Il signifie « excepté », « sauf ».
> <u>Exemple</u> : *Ils sont tous venus, **hormis** Lucas.*

**Module 103**
LES BASES

*Compléter les phrases suivantes :*

Corrigé page 261

1. Qui, _____ Pablo, a lu le livre en entier ?
   - **A** hormi
   - **B** hormis

2. Elle se sent plus à l'aise _____ les adultes.
   - **A** parmi
   - **B** parmis

3. J'aime bien tout le groupe, _____ le chouchou.
   - **A** hormis
   - **B** hormi

4. Est-ce que _____ les participants il y a des Italiens ?
   - **A** parmi
   - **B** parmis

5. Tout le monde est arrivé, _____ Gabrielle.
   - **A** hormi
   - **B** hormis

6. Elle ne veut rien manger, _____ de la glace.
   - **A** hormi
   - **B** hormis

7. Il s'est installé _____ les moutons dans le champ.
   - **A** parmi
   - **B** parmis

8. Qui _____ vous a déjà fait de la plongée ?
   - **A** parmis
   - **B** parmi

9. Je n'ai rien trouvé, _____ cette tour Eiffel en plastique.
   - **A** hormis
   - **B** hormi

> **Astuce** Le mot **parmi** est une préposition qui vient de « par » et de « mi » (le milieu). Il s'écrit toujours sans « s ». Il signifie « dans », « entre », « au sein de ».
> <u>Exemple</u> : *Je l'ai retrouvé **parmi** les fleurs.*

VOTRE SCORE :

# Module 104
## LES BASES

**Focus** « appeler » et « rappelle »

Corrigé page 262

*Les mots soulignés sont-ils correctement écrits ?*

1. Vous nous <u>rappelez</u> notre frère.
   - **A** oui
   - **B** non

2. C'est nous qui <u>appellons</u> le directeur cette fois-ci.
   - **A** oui
   - **B** non

3. <u>Appele</u>-moi si tu as besoin de mon aide.
   - **A** oui
   - **B** non

4. Tu nous <u>rappelles</u> les règles du jeu souvent.
   - **A** oui
   - **B** non

5. Jeanne et Inès ont <u>appellé</u> leur chat Choubi.
   - **A** oui
   - **B** non

6. Personne ne <u>rappelle</u> le réparateur ?
   - **A** oui
   - **B** non

7. <u>Appelez</u> six élèves pour créer une équipe.
   - **A** oui
   - **B** non

8. Je ne vais plus le <u>rappeller</u>, il m'a énervé…
   - **A** oui
   - **B** non

9. Certains adultes <u>appellent</u> leurs parents tous les jours.
   - **A** oui
   - **B** non

**Astuce** Dans les verbes **appeler** et **rappeler**, il y a toujours deux « p ». En revanche, on met deux « l » quand le « e » se prononce [è], comme dans *pelle*, et on met un « l » quand le « e » se prononce [e], comme dans *petit*. On écrit donc : Nous **appelons** (un « l ») ; Il **appelle** (deux « l »).

# Module 104
## LES BASES

*Compléter les phrases suivantes :*

1. Nous nous _____ chaque dimanche.
   - **A** appelons
   - **B** appellons

2. Elle me _____ quand elle est perdue.
   - **A** rappele
   - **B** rappelle

3. Avez-vous _____ votre professeur de guitare ?
   - **A** appelé
   - **B** appellé

4. Vous _____ vos chiens après la promenade.
   - **A** rappellez
   - **B** rappelez

5. Autrefois, nous nous _____ plus souvent.
   - **A** appelions
   - **B** appellions

6. Il faut que vous _____ vos amies.
   - **A** rappelliez
   - **B** rappeliez

7. Les surveillants vont nous _____ un par un.
   - **A** appeler
   - **B** appeller

8. Je te _____ après mon rendez-vous.
   - **A** rappellerai
   - **B** rappelerai

9. Nous _____ Mamie pour son anniversaire.
   - **A** appelerons
   - **B** appellerons

Corrigé page 262

# Module 105
## LES BASES

**Focus** « personnel » et « national »

*Corrigé page 262*

*Les mots soulignés sont-ils correctement écrits ?*

1. Avez-vous emprunté la route <u>nationale</u> ?
   - **A** oui
   - **B** non

2. Ce vendeur a un comportement très <u>professionnel</u>.
   - **A** oui
   - **B** non

3. As-tu goûté les spécialités <u>régionnales</u> ?
   - **A** oui
   - **B** non

4. Ceci est une lettre <u>personnelle</u>, merci de ne pas la lire.
   - **A** oui
   - **B** non

5. Nous étudions la politique <u>internationale</u> en cours d'histoire.
   - **A** oui
   - **B** non

6. Le professeur a dessiné une pyramide <u>hexagonale</u>.
   - **A** oui
   - **B** non

7. J'ai acheté ce casque, il y avait une remise <u>exceptionelle</u> !
   - **A** oui
   - **B** non

8. Mon père a pu obtenir des congés <u>occasionels</u>.
   - **A** oui
   - **B** non

9. Ce joueur de football est un peu trop <u>personnel</u>.
   - **A** oui
   - **B** non

**Astuce** Les adjectifs en **-onal** (comme *national*) prennent toujours un seul « n ».

**Module 105**
**LES BASES**

*Compléter les phrases suivantes :*

1. Leur costume _____ est magnifique !
   - **A** traditionel
   - **B** traditionnel

2. Connais-tu les paroles de l'hymne _____ ?
   - **A** national
   - **B** nationnal

3. Garance a toujours des idées _____ !
   - **A** sensationnelles
   - **B** sensationelles

4. J'ai découvert les coutumes _____.
   - **A** régionnales
   - **B** régionales

5. Le latin est une matière _____.
   - **A** optionnelle
   - **B** optionelle

6. L'actualité _____ est souvent angoissante.
   - **A** internationale
   - **B** internationnale

7. Je lui ai confié des affaires _____.
   - **A** personelles
   - **B** personnelles

8. Lors de la fête _____, on lance des pétards.
   - **A** nationale
   - **B** nationnale

9. Je ressens un amour _____ pour mes nièces.
   - **A** inconditionel
   - **B** inconditionnel

**Astuce** Les adjectifs en **-onnel** (comme *personnel*) prennent toujours deux « n ».

# Module 106
## LES BASES

**Focus** « l'amitié » et « la qualité »

Corrigé page 262

*Les mots soulignés sont-ils correctement écrits ?*

1. Penses-tu que cette actrice aime la <u>célébrité</u> ?
   - **A** oui
   - **B** non

2. L'<u>amitiée</u> est une valeur très importante pour moi.
   - **A** oui
   - **B** non

3. Nous irons nous promener sur la <u>jetée</u> ?
   - **A** oui
   - **B** non

4. La <u>beauté</u> de ce lion est exceptionnelle !
   - **A** oui
   - **B** non

5. Les élèves ont besoin de leur carte d'<u>identité</u> pour le voyage.
   - **A** oui
   - **B** non

6. Quelle <u>monté</u> ! Nous sommes épuisées !
   - **A** oui
   - **B** non

7. Notre voisine est d'une grande <u>bontée</u>.
   - **A** oui
   - **B** non

8. La <u>générosité</u> des donateurs a permis l'achat de ces machines.
   - **A** oui
   - **B** non

9. J'adore les <u>dictées</u> !
   - **A** oui
   - **B** non

**Astuce** Les noms féminins en **-té** (comme la *bonté*) et en **-tié** (comme la *moitié*) ne prennent pas de « e » après le « é ».

# Module 106
## LES BASES

*Compléter les phrases suivantes :*

**Corrigé page 262**

1. Ce travail est à sa _____.
   - **A** portée
   - **B** porté

2. Damien est inscrit à plusieurs _____ cette année.
   - **A** activités
   - **B** activitées

3. Les _____ sont nombreuses dans cet exercice.
   - **A** difficultés
   - **B** difficultées

4. Mon chien aime beaucoup sa nouvelle _____.
   - **A** pâté
   - **B** pâtée

5. À Cannes, on rencontre beaucoup de _____.
   - **A** célébrités
   - **B** célébritées

6. « Liberté, égalité, _____ », c'est la devise de la France.
   - **A** fraternitée
   - **B** fraternité

7. Aie _____ de moi, prête-moi ton téléphone !
   - **A** pitiée
   - **B** pitié

8. Il a bu la _____ de la bouteille de jus d'orange.
   - **A** moitié
   - **B** moitiée

9. Il a avalé deux _____ de soupe au potiron.
   - **A** assiettés
   - **B** assiettées

**Exceptions à cette règle** La *dictée*, la *jetée*, la *montée*, la *pâtée*, la *portée* et les noms qui expriment une contenance (une *pelletée*, une *assiettée*).

# Module 107
## LES BASES

**Focus** « développer » et « intéresser »

*Corrigé page 262*

*Les mots soulignés sont-ils correctement écrits ?*

1. Je vais bientôt <u>déveloper</u> ma pensée par écrit...
   - **A** oui
   - **B** non

2. L'<u>enveloppe</u> est posée sur la table depuis deux jours.
   - **A** oui
   - **B** non

3. Pouvez-vous nous expliquer ce qu'est le <u>dévellopement</u> durable ?
   - **A** oui
   - **B** non

4. Le plus <u>interressant</u> dans ce documentaire est la partie historique.
   - **A** oui
   - **B** non

5. Qui est <u>intéressé</u> par cet auteur de théâtre ?
   - **A** oui
   - **B** non

6. Mon cadeau a été <u>envelopé</u> dans du papier de soie.
   - **A** oui
   - **B** non

7. On évite de parler de « pays en voie de <u>développement</u> » désormais.
   - **A** oui
   - **B** non

8. Cette entreprise a <u>developpé</u> une application très pratique.
   - **A** oui
   - **B** non

9. L'<u>envelloppe</u> contenant la lettre d'amour que j'ai reçue a disparu !
   - **A** oui
   - **B** non

**Astuce** Les mots *développer*, *développement*, *envelopper*, *enveloppe* s'écrivent tous avec un « l » et deux « p ».

# Module 107
## LES BASES

*Compléter les phrases suivantes :*

**Corrigé page 262**

1. Pour qu'il puisse te noter, tu dois _____.
   - **A** dévelloper
   - **B** développer

2. Nous allons nous _____ dans nos manteaux.
   - **A** envelopper
   - **B** enveloper

3. Il semble s'_____ à l'écologie.
   - **A** intérresser
   - **B** intéresser

4. Giulia est une artiste très _____.
   - **A** intéressante
   - **B** interressante

5. On a étudié le _____ d'une fonction algébrique.
   - **A** développement
   - **B** dévelopement

6. La bogue est le nom de l'_____ de la châtaigne.
   - **A** envvellope
   - **B** enveloppe

7. De nombreuses personnes s'_____ à l'astronomie.
   - **A** intéressent
   - **B** interressent

8. Sa plante s'est beaucoup _____ cet automne.
   - **A** développée
   - **B** dévelopée

9. Ce dessin animé _____ les enfants et les adultes.
   - **A** intéresse
   - **B** interresse

**Astuce** Les mots *intéresser* et *intéressant* viennent du nom *intérêt* et s'écrivent avec un « r » et deux « s ».

## Module 108
### LES BASES

**Focus** « on a, on en, on y » ou « on n'a, on n'en, on n'y » ?

*Corrigé page 262*

*Les mots soulignés sont-ils correctement écrits ?*

1. Je ne sais pas si <u>on n'a</u> pensé à prendre un parapluie.
   - **A** oui
   - **B** non

2. <u>On n'y</u> va sans lui, il est trop agité.
   - **A** oui
   - **B** non

3. À l'opéra, <u>on n'y</u> va jamais avec la classe.
   - **A** oui
   - **B** non

4. Plus <u>on en</u> mange, moins on aime ça.
   - **A** oui
   - **B** non

5. <u>On en</u> a pas trouvé dans ce magasin.
   - **A** oui
   - **B** non

6. La personne qu'<u>on n'a</u> reçue est passionnante.
   - **A** oui
   - **B** non

7. <u>On n'a</u> jamais écouté de jazz à la maison.
   - **A** oui
   - **B** non

8. <u>On a</u> vu personne dans le hall.
   - **A** oui
   - **B** non

9. <u>On n'est</u> pas assez nombreux pour former une équipe.
   - **A** oui
   - **B** non

**Astuce** L'adverbe de négation « ne » ne s'entend pas lorsqu'il est placé entre le pronom « on » et un mot qui commence par une voyelle (un verbe ou un pronom). Si le verbe est suivi de « pas », « plus », « jamais », « personne », « rien »… il faut penser à mettre le « ne » élidé (« n' »).
*Exemple* : *On **n'y** pense jamais.*

# Module 108
## LES BASES

*Compléter les phrases suivantes :*

Corrigé page 262

1. Si _____ le temps, on fera une partie d'échecs.
   - **A** on a
   - **B** on n'a

2. Si _____ pas le prof d'espagnol, il nous exclura.
   - **A** on écoute
   - **B** on n'écoute

3. Il a éteint, _____ voit rien.
   - **A** on n'y
   - **B** on y

4. Si tu n'utilises pas le micro, _____ pas ce que tu dis !
   - **A** on entend
   - **B** on n'entend

5. Du pain, _____ a trop.
   - **A** on en
   - **B** on n'en

6. « _____ où tu voudras quand tu voudras », chantait-il.
   - **A** On ira
   - **B** On n'ira

7. Si _____ pris l'autre chemin, on serait déjà arrivés.
   - **A** on avait
   - **B** on n'avait

8. Je ne sais pas pourquoi _____ plus dans la même classe.
   - **A** on n'est
   - **B** on est

9. Quand _____ la vie sans téléphone portable...
   - **A** on n'imagine
   - **B** on imagine

VOTRE SCORE :

# Module 109
## LES BASES

**Focus** « ils sont debout » et « ils sont ensemble »

Corrigé page 262

*Les mots soulignés sont-ils correctement écrits ?*

1. Si vous restez <u>debout</u> trop longtemps, vous allez avoir mal au dos.
   - A oui
   - B non

2. <u>Ensembles</u>, on va y arriver !
   - A oui
   - B non

3. Nous avons passé tout le concert <u>debout</u> à crier !
   - A oui
   - B non

4. Les plus jeunes ne tiennent plus <u>debouts</u> à cette heure-là.
   - A oui
   - B non

5. Sarah et Iris sont toujours <u>ensembles</u>.
   - A oui
   - B non

6. Les personnes qui sont <u>debout</u> empêchent les autres de voir.
   - A oui
   - B non

7. Nous irions bien <u>ensemble</u>, non ?
   - A oui
   - B non

8. Allez, mettez-vous <u>debouts</u> les enfants !
   - A oui
   - B non

9. Mes copains viennent <u>ensembles</u> à la fête.
   - A oui
   - B non

---

**Astuce** Les mots **ensemble** et **debout** associés à des verbes sont des adverbes et sont donc **invariables**.
*Exemples* : *Les joueurs se tiennent **debout**.*

# Module 109
## LES BASES

*Compléter les phrases suivantes :*

**Corrigé page 262**

1. Si vous partez _____, ce sera plus simple.
   - **A** ensembles
   - **B** ensemble

2. Que faites-vous _____ à minuit ?
   - **A** debout
   - **B** debouts

3. Ils sont incapables de rester _____ dix minutes.
   - **A** debout
   - **B** debouts

4. Allons _____ au cinéma demain !
   - **A** ensembles
   - **B** ensemble

5. Il nous a crié « _____ les fainéants » !
   - **A** debout
   - **B** debouts

6. Léo et Mila sortent _____ depuis le mois de mai.
   - **A** ensembles
   - **B** ensemble

7. Quand on se tient _____ sur la chaise, on voit la tour.
   - **A** debout
   - **B** debouts

8. Je ne sais pas ce que nous allons faire _____ !
   - **A** ensembles
   - **B** ensemble

9. Mes cousins pédalent _____ sur leur vélo.
   - **A** debout
   - **B** debouts

VOTRE SCORE :

# Module 110
## LES BASES

**Focus** « une » espèce de

*Corrigé page 263*

*Les mots soulignés sont-ils correctement écrits ?*

1. Voici <u>une</u> espèce d'oiseau peu connue.
   - **A** oui
   - **B** non

2. <u>Cet</u> espèce de costume ne te va pas...
   - **A** oui
   - **B** non

3. Nous l'avons entendu pousser <u>une</u> espèce de cri étrange.
   - **A** oui
   - **B** non

4. Nous avons assisté à <u>un</u> espèce de spectacle de clowns.
   - **A** oui
   - **B** non

5. Karima a adopté <u>une</u> espèce de rongeur.
   - **A** oui
   - **B** non

6. <u>Un</u> espèce de cabanon abrite les jouets.
   - **A** oui
   - **B** non

7. J'ai bu <u>une</u> espèce de jus bizarre là-bas...
   - **A** oui
   - **B** non

8. <u>Quel</u> espèce d'imbécile celui-là !
   - **A** oui
   - **B** non

9. Nous découvrons <u>une</u> espèce de poisson.
   - **A** oui
   - **B** non

**Astuce** Quel que soit le genre du nom qui suit le nom « **espèce** », est un nom **féminin** et le reste. On ne dit jamais « un espèce de », mais toujours « une espèce de... ».
*Exemple* : *J'ai monté* **une** *espèce de meuble.*

**Module 110**
**LES BASES**

*Compléter les phrases suivantes :*

1. Vous cherchez _____ espèce d'instrument à cordes ?
   - **A** un
   - **B** une

2. Que direz-vous à _____ espèce d'idiot ?
   - **A** cet
   - **B** cette

3. Nous avons écouté _____ espèce d'intellectuel...
   - **A** une
   - **B** un

4. Alice a suivi _____ espèce de régime sans gluten.
   - **A** un
   - **B** une

5. Crois-tu que _____ espèce de mammifère va disparaître ?
   - **A** cette
   - **B** cet

6. Léa écrit _____ espèce de roman policier.
   - **A** un
   - **B** une

7. Je ne sais pas _____ espèce d'abri on va trouver.
   - **A** quel
   - **B** quelle

8. Qui a goûté _____ espèce de gâteau ?
   - **A** cette
   - **B** cet

9. Vous dormez dans _____ espèce de duvet en polaire.
   - **A** un
   - **B** une

*Corrigé page 263*

VOTRE SCORE :

**Module 111**
LES BASES

### Focus — Passage à l'interrogation indirecte

*Les phrases suivantes sont-elles correctes ?*

Corrigé page 263

1. Je ne sais plus qu'est-ce que j'ai fait de mes palmes.
   - **A** oui
   - **B** non

2. Qu'est-ce que tu vas demander à ton anniversaire ?
   - **A** oui
   - **B** non

3. Nous nous demandons ce que nous faisons ici.
   - **A** oui
   - **B** non

4. Maxime m'a dit qu'est-ce que tu as chanté, c'est bien !
   - **A** oui
   - **B** non

5. Personne ne sait ce que va devenir son frère.
   - **A** oui
   - **B** non

6. Mais qu'est-ce que tu écoutes en ce moment ?
   - **A** oui
   - **B** non

7. Yasmine ne se rappelle plus qu'est-ce qu'elle a appris.
   - **A** oui
   - **B** non

8. Chacun ignore ce que raconte son voisin de table.
   - **A** oui
   - **B** non

9. Nous découvrons qu'est-ce que tu as fabriqué, c'est beau !
   - **A** oui
   - **B** non

---

**Astuce** Lorsqu'une phrase interrogative directe comporte « *qu'est-ce que... ?* » ou « *que... ?* », on les remplace par « *ce que...* » dans une phrase interrogative indirecte.
Exemples : « ***Qu'est-ce que** tu veux ?* » ; « ***Que** veux-tu ?* » > « *Dis-moi **ce que** tu veux* ».

## Module 111
## LES BASES

*Compléter les phrases suivantes :*

Corrigé page 263

1. Vous cherchez _____ vous allez lui offrir.
   - A qu'est-ce que
   - B ce que

2. Et _____ recherchez-vous dans ce livre ?
   - A que
   - B ce que

3. Nous avons écouté _____ tu nous as dit.
   - A qu'est-ce que
   - B ce que

4. _____ Paola fait en ce moment ?
   - A Qu'est-ce que
   - B Ce que

5. Vous savez bien _____ le professeur va faire.
   - A qu'est-ce que
   - B ce que

6. Mon père m'a dit _____ je rêvais d'entendre.
   - A qu'est-ce que
   - B ce que

7. Mais _____ vous a expliqué la directrice ?
   - A que
   - B ce que

8. Tu me demandes _____ j'ai apporté chez lui.
   - A qu'est-ce que
   - B ce que

9. Vous ne savez pas _____ j'ai entendu hier.
   - A que
   - B ce que

VOTRE SCORE :

# Module 112
## LES BASES

**Focus** Participe passé conjugué avec l'auxiliaire « avoir » (2)

*Corrigé page 263*

*Les mots soulignés sont-ils correctement écrits ?*

1. Voici la couleur que j'ai <u>choisi</u> pour le mur.
   - **A** oui
   - **B** non

2. As-tu <u>entendus</u> les enfants ?
   - **A** oui
   - **B** non

3. Lina était en retard, nous l'avons <u>attendue</u> pendant deux heures.
   - **A** oui
   - **B** non

4. Est-ce que ce sont les gâteaux que vous avez <u>commandés</u> ?
   - **A** oui
   - **B** non

5. Ces personnes ont <u>entamé</u> une grève de la faim.
   - **A** oui
   - **B** non

6. La pièce que j'ai <u>vu</u> parle d'un mathématicien anglais.
   - **A** oui
   - **B** non

7. Je ne sais plus où sont mes bottes, je les avais <u>rangé</u> pourtant…
   - **A** oui
   - **B** non

8. Et les as-tu <u>lues</u>, ces informations ?
   - **A** oui
   - **B** non

9. Madame, je vous ai <u>appelée</u> plusieurs fois.
   - **A** oui
   - **B** non

**Astuce** Lorsque l'on utilise l'auxiliaire *avoir*, on accorde le participe passé avec le complément d'objet direct si celui-ci est placé avant le verbe, c'est-à-dire qu'on connaît l'objet sur lequel se passe l'action au moment de l'écrire.
<u>Exemple</u> : *J'ai fabriqué cette trousse et je l'ai vendue. (J'ai vendu quoi ? « l' », pronom mis pour la trousse)*

# Module 112
## LES BASES

*Compléter les phrases suivantes :*

**Corrigé page 263**

1. Qui a _____ ses devoirs pour lundi ?
   - **A** fini
   - **B** finis

2. Ma grand-mère maternelle, je ne l'ai pas _____ .
   - **A** connue
   - **B** connu

3. Ma sœur a _____ des chansons.
   - **A** composé
   - **B** composée

4. Les chatons qu'elle a _____ dans ses bras sont mignons.
   - **A** tenu
   - **B** tenus

5. Le maire nous a _____ dans son bureau.
   - **A** reçus
   - **B** reçu

6. C'est la leçon que je n'ai pas _____ malheureusement.
   - **A** écouté
   - **B** écoutée

7. Les cadeaux que vous nous avez _____ nous plaisent.
   - **A** faits
   - **B** fait

8. Avez-vous _____ vos problèmes ?
   - **A** résolu
   - **B** résolus

9. Nous les avons _____ tout de suite, ils sont beaux !
   - **A** remarqué
   - **B** remarqués

---

**Astuce** Liste de pronoms avec lesquels on peut accorder le participe passé : *l'* (mis pour « *la* »), *les, me, te, nous, vous, que.*

VOTRE SCORE :

## Module 113
### LES BASES

**Focus** Participe passé suivi d'un verbe à l'infinitif

*Corrigé page 263*

*Les mots soulignés sont-ils correctement écrits ?*

1. C'est la chanson que j'ai <u>entendu</u> interpréter par ce groupe.
   - **A** oui
   - **B** non

2. Les as-tu <u>vus</u> venir ensemble ?
   - **A** oui
   - **B** non

3. Les fauteuils que ma mère a <u>faits</u> réparer sont dans l'entrée.
   - **A** oui
   - **B** non

4. Ils ne nous ont pas <u>vu</u> sortir par la fenêtre.
   - **A** oui
   - **B** non

5. La version que j'ai <u>envoyée</u> chercher est meilleure.
   - **A** oui
   - **B** non

6. Nous les avons <u>entendus</u> hurler dans la forêt.
   - **A** oui
   - **B** non

7. Ces spectacles, on les a <u>vu</u> jouer mille fois…
   - **A** oui
   - **B** non

8. Maïssa, t'ont-ils <u>regardée</u> danser ?
   - **A** oui
   - **B** non

9. Madame, je vous ai <u>entendu</u> demander l'addition.
   - **A** oui
   - **B** non

**Astuce** Lorsque le participe passé d'un verbe conjugué avec l'auxiliaire « avoir » est suivi d'un infinitif, on l'accorde avec le COD (placé avant le verbe) seulement si c'est ce COD **qui fait l'action exprimée par l'infinitif**.
Pas d'accord si le COD placé avant **ne fait pas l'action exprimée par l'infinitif**.
Exemples :
1. *Les enfants que j'ai **entendus** crier.* (Ce sont les enfants qui crient)
2. *La pièce que j'ai **vu** jouer.* (Ce n'est pas la pièce qui joue)

**Module 113**
LES BASES

*Compléter les phrases suivantes :*

1. Est-ce qu'ils nous ont _____ tomber ?
   - **A** vu
   - **B** vues

2. Et tes pantalons, tu les as _____ réparer ?
   - **A** fait
   - **B** faits

3. Ma sœur les a _____ partir en pleurant.
   - **A** regardés
   - **B** regardé

4. Ces chiens, nous les avons _____ aboyer cette nuit.
   - **A** entendu
   - **B** entendus

5. Les as-tu _____ chercher par le photographe ?
   - **A** envoyées
   - **B** envoyé

6. C'est la poésie que je n'ai jamais _____ réciter.
   - **A** entendue
   - **B** entendu

7. Les coussins que j'ai _____ recouvrir sont confortables.
   - **A** faits
   - **B** fait

8. Les avez-vous _____ dévaler la pente ?
   - **A** vues
   - **B** vu

9. Cette journaliste, je l'ai _____ expliquer son voyage.
   - **A** écouté
   - **B** écoutée

> **Astuce** Suivi d'un verbe à l'infinitif, le participe passé *fait* est toujours **invariable**.
> <u>Exemple</u> : *Ils les ont **fait** recoudre.*

# Module 114
## LES BASES

**Focus** Quel temps après « si » ?

*Corrigé page 263*

*À quel temps sont conjugués les verbes soulignés ?*

1. Si les enfants <u>chantent</u> bien, je les recruterai.
   - **A** Présent de l'indicatif
   - **B** Imparfait

2. Si tous s'<u>entraînent</u> ici, je leur rendrai visite.
   - **A** Présent de l'indicatif
   - **B** Imparfait

3. Si nous <u>partions</u> en famille, je serais ravie.
   - **A** Présent de l'indicatif
   - **B** Imparfait

4. Si vous <u>jouez</u> à chat, je me joindrai à vous.
   - **A** Présent de l'indicatif
   - **B** Imparfait

5. Même s'ils nous <u>invitaient</u>, je n'irais pas chez eux…
   - **A** Présent de l'indicatif
   - **B** Imparfait

*À quel temps sont conjugués les verbes soulignés ?*

1. Si je dessinais plus, je <u>pourrais</u> devenir illustratrice.
   - **A** Conditionnel présent
   - **B** Futur de l'indicatif

2. Si je rentre tôt, je <u>rangerai</u> la salle de jeux.
   - **A** Conditionnel présent
   - **B** Futur de l'indicatif

3. Si tu veux, je <u>viendrai</u> te chercher.
   - **A** Conditionnel présent
   - **B** Futur de l'indicatif

4. Si mon équipe gagnait, je <u>crierais</u> de joie !
   - **A** Conditionnel présent
   - **B** Futur de l'indicatif

**Astuce** Lorsque la conjonction « si » est suivie d'un verbe au présent de l'indicatif, on utilise le présent ou le **futur de l'indicatif** dans la proposition suivante.
<u>Exemple</u> : *Si tu **veux**, je t'**accompagnerai**, on **ira** se baigner.*

# Module 114
## LES BASES

*Compléter les phrases suivantes :*

Corrigé page 263

1. Si je pouvais, je _____ ma place à Baptiste.
   - A donnerais
   - B donnerai

2. Si j'avais un bon appareil, je _____ de belles photos.
   - A ferais
   - B ferai

3. Si j'étudie ces trois livres, j'_____ une bonne note.
   - A aurai
   - B aurais

4. Si j'avais les mêmes outils, je les _____ souvent.
   - A utiliserais
   - B utiliserai

5. Si tu veux, je _____ le chien ce soir.
   - A sortirai
   - B sortirais

6. Si je n'ai pas la moyenne, je _____ redoubler.
   - A devrais
   - B devrai

7. Si j'étais toi, je _____ un médecin.
   - A consulterais
   - B consulterai

8. Si j'avais des lentilles de contact, je les _____.
   - A mettrai
   - B mettrais

9. Si tu ne viens pas, je _____, ne t'en fais pas.
   - A comprendrais
   - B comprendrai

**Astuce** Lorsque la conjonction « si » est suivie d'un verbe à l'imparfait de l'indicatif, on utilise le **conditionnel présent** dans la proposition suivante.
<u>Exemple</u> : *Si tu **voulais**, je t'**accompagnerais**, on **irait** se baigner.*

VOTRE SCORE :

# Module 115
## LES BASES

**Focus** « ions » ou « iions » ? « iez » ou « iiez » ?

*À quel temps sont conjugués les verbes soulignés ?*

1. Autrefois, nous <u>envoyions</u> des cartes postales.
   - **A** Présent de l'indicatif
   - **B** Imparfait

2. Nous ne nous <u>sourions</u> pas souvent.
   - **A** Présent de l'indicatif
   - **B** Imparfait

3. Si nous <u>criions</u> plus fort, ils nous entendraient.
   - **A** Présent de l'indicatif
   - **B** Imparfait

4. J'ai tout fait pour que vous <u>riiez</u> devant ce spectacle.
   - **A** Présent de l'indicatif
   - **B** Subjonctif présent

5. Si vous nous <u>confiiez</u> des secrets, on ne les répéterait pas.
   - **A** Présent de l'indicatif
   - **B** Imparfait

6. Si vous n'<u>essayez</u> pas, vous ne saurez pas si ça vous plaît.
   - **A** Présent de l'indicatif
   - **B** Imparfait

7. Il faut que vous <u>fuyiez</u> cette personne.
   - **A** Présent de l'indicatif
   - **B** Subjonctif présent

8. Je crains que vous ne me <u>croyiez</u> pas.
   - **A** Présent de l'indicatif
   - **B** Subjonctif présent

9. Avant, nous nous <u>voyions</u> plus souvent…
   - **A** Présent de l'indicatif
   - **B** Imparfait

**Astuce** Certains verbes du 1er groupe se terminent au **présent de l'indicatif** par *-iez, -ions, -yons* et *-yez* aux 1re et 2e personnes du pluriel.
<u>Exemples</u> :
1. *Nous **fuyons** le danger.*
2. *Vous **criez** fort.*

**Module 115**
**LES BASES**

*Compléter les phrases suivantes :*

**Corrigé page 263**

1. Vous ne vous _____ jamais à moi avant.
   - **A** confiiez
   - **B** confiez

2. Il faudrait que nous _____ la table du jardin.
   - **A** nettoyons
   - **B** nettoyions

3. J'ai peur que vous n'_____ pas sa personnalité.
   - **A** appréciez
   - **B** appréciiez

4. Nous _____ tous les jours notre lit et nous sortons.
   - **A** replions
   - **B** repliions

5. Vous _____ vos lunettes régulièrement en primaire.
   - **A** rayiez
   - **B** rayez

6. J'aimerais que nous _____ devant notre porte.
   - **A** balayions
   - **B** balayons

7. Et si nous lui _____ une lettre, ce serait gentil, non ?
   - **A** envoyons
   - **B** envoyions

8. Vous nous _____ de venir à chaque fois qu'on se voit.
   - **A** priez
   - **B** priiez

9. Auparavant, nous _____ les branches des arbres.
   - **A** sciions
   - **B** scions

---

**Astuce** Les verbes se terminant au **présent de l'indicatif** par *-iez, -ions, -yons* et *-yez* aux 1re et 2e personnes du pluriel se terminent par *-iions, -iiez, -yions, -yiez* (avec deux « i ») à **l'imparfait** de l'indicatif et au **subjonctif** présent.
<u>Exemples</u> :
1. *Avant, vous vous **ennuyiez** souvent.* (on peut remplacer par *faisions* ou *faisiez*).
2. *Il faut que vous **souriiez** pour la photo.* (on peut remplacer par *fassions* ou *fassiez*).

## Module 116
LES BASES

**Focus** « quoi que » ou « quoique » ?

*Corrigé page 264*

*Les mots soulignés sont-ils correctement écrits ?*

1. Il viendra quoiqu'on ne l'ait pas invité.
   - **A** oui
   - **B** non

2. Quoi que nous ayons du retard, nous allons faire une pause.
   - **A** oui
   - **B** non

3. Nous nous présentons, quoique tu en penses.
   - **A** oui
   - **B** non

4. J'ai perdu la partie quoique j'aie été concentrée.
   - **A** oui
   - **B** non

5. Maïa est élégante quoi qu'elle porte.
   - **A** oui
   - **B** non

6. Quoi que tu répondes, il va être d'accord avec toi.
   - **A** oui
   - **B** non

7. J'ai mangé ce croissant quoi que je sois intolérant au gluten.
   - **A** oui
   - **B** non

8. Quoiqu'il soit tolérant, il va se fâcher si on continue à faire du bruit.
   - **A** oui
   - **B** non

9. Je t'aimerai quoique tu décides.
   - **A** oui
   - **B** non

---

**Astuce** Le mot « **quoique** » est une conjonction qu'on peut remplacer par « bien que » ou « encore que ».
Exemple : ***Quoiqu'****il fasse froid, je vais sortir. (Bien qu'il fasse froid)*

**Module 116**
LES BASES

*Compléter les phrases suivantes :*

1. Vous n'osez pas chanter _____ vous ayez une belle voix.
   - **A** quoi que
   - **B** quoique

2. Je ne comprends rien _____ il explique.
   - **A** quoi qu'
   - **B** quoiqu'

3. Tu as été attentif _____ son exposé ait été ennuyeux.
   - **A** quoi que
   - **B** quoique

4. Alicia s'opposera _____ il lui demande.
   - **A** quoi qu'
   - **B** quoiqu'

5. _____ je t'offre, tu n'aimes jamais mes cadeaux.
   - **A** Quoi que
   - **B** Quoique

6. Léo arrive tôt _____ il y ait eu des embouteillages.
   - **A** quoi qu'
   - **B** quoiqu'

7. Je te soutiendrai _____ il arrive demain.
   - **A** quoi qu'
   - **B** quoiqu'

8. Je n'en prends pas _____ ce gâteau semble délicieux.
   - **A** quoi que
   - **B** quoique

9. _____ cet auteur écrive, je suis fan de ses livres.
   - **A** Quoi que
   - **B** Quoique

**Astuce** La locution « **quoi que** » (en deux mots) signifie « quelle que soit la chose que ». *Exemple :* ***Quoi que** tu fasses, je te suivrai.*

## Module 117
### LES BASES

**Focus** « 1,5 kilomètre »

*Corrigé page 264*

*Les mots soulignés sont-ils correctement écrits ?*

1. Il pesait 3,2 <u>kilos</u> à la naissance.
   - **A** oui
   - **B** non

2. La première boulangerie est à 1,6 <u>kilomètre</u> d'ici.
   - **A** oui
   - **B** non

3. Le café coûte 1,5 <u>euros</u> dans cette brasserie.
   - **A** oui
   - **B** non

4. Tu as mis 1,2 <u>litres</u> de lait dans la pâte à crêpes.
   - **A** oui
   - **B** non

5. Yanis a pris 3,8 <u>centimètres</u> depuis cet été.
   - **A** oui
   - **B** non

6. Je mesure 1,65 <u>mètres</u> depuis que j'ai 14 ans.
   - **A** oui
   - **B** non

7. Quelle est la différence entre 1,5 <u>décimètres</u> et 15 centimètres ?
   - **A** oui
   - **B** non

8. Sa tante a gagné 1,6 <u>million</u> d'euros au loto.
   - **A** oui
   - **B** non

9. Il y a 1,32 <u>milliard</u> d'habitants en Inde.
   - **A** oui
   - **B** non

**Astuce** Un nom se met au pluriel lorsqu'il y a <u>au moins deux unités</u> de la même chose. Si le nom est précédé d'un nombre inférieur à 2 (comme 1,5), il reste au singulier.
<u>Exemples</u> : *1,9 **kilomètre** ; 2,1 **kilos**.*

# Module 117
## LES BASES

*Compléter les phrases suivantes :*

1. J'ai parcouru 1,9 _____ sans m'essouffler.
   - **A** kilomètre
   - **B** kilomètres

2. Cette baguette tradition coûte 1,10 _____.
   - **A** euros
   - **B** euro

3. Tu as perdu 2,5 _____ en arrêtant le sucre.
   - **A** kilo
   - **B** kilos

4. Cette musaraigne pèse 1,5 _____.
   - **A** gramme
   - **B** grammes

5. Sa vidéo a été vue 1,9 _____ de fois.
   - **A** millions
   - **B** million

6. La masse d'un litre de lait est de 1,03 _____ environ.
   - **A** kilo
   - **B** kilos

7. On doit convertir 1,9 _____ en mètre.
   - **A** décimètre
   - **B** décimètres

8. L'escargot parcourt 1,2 _____ en vingt minutes.
   - **A** mètres
   - **B** mètre

9. Il y a 1,4 _____ d'années, un jour durait dix-huit heures.
   - **A** milliard
   - **B** milliards

## Module 118
LES BASES

**Focus** « des nuages blancs »

*Corrigé page 264*

*Les mots soulignés sont-ils correctement écrits ?*

1. Cet acteur a de beaux yeux <u>vert</u>.
   - **A** oui
   - **B** non

2. Nous ne trouvons pas les cahiers <u>bleus</u>.
   - **A** oui
   - **B** non

3. Les chaussettes <u>jaunes</u> sont dans le tiroir de droite.
   - **A** oui
   - **B** non

4. Pourquoi mets-tu tes lunettes <u>noir</u> alors qu'il pleut ?
   - **A** oui
   - **B** non

5. Luce nous a offert un carnet <u>blanc</u>.
   - **A** oui
   - **B** non

6. Il a les yeux <u>rouge</u>, il a dû pleurer.
   - **A** oui
   - **B** non

7. Nous porterons des maillots <u>violets</u> pour le match.
   - **A** oui
   - **B** non

8. Ophélie élève des souris <u>grises</u>.
   - **A** oui
   - **B** non

9. Les iris <u>blanc</u> sont magnifiques.
   - **A** oui
   - **B** non

> **Astuce** La plupart des adjectifs de couleur s'accordent en genre et en nombre avec le nom qu'ils décrivent.
> **Exemple** : *des bottes **rouges**.*

# Module 118
## LES BASES

*Compléter les phrases suivantes :*

Corrigé page 264

1. Il jongle avec quatre balles _____.
   - **A** rouge
   - **B** rouges

2. Nous écrivons des poèmes à l'encre _____.
   - **A** bleue
   - **B** bleu

3. As-tu vu mon pull _____ dans le salon ?
   - **A** jaune
   - **B** jaunes

4. Il est plus élégant de porter des chaussettes _____.
   - **A** noir
   - **B** noires

5. Les murs de sa chambre sont tout _____.
   - **A** blancs
   - **B** blanc

6. Ma grand-mère a choisi une belle laine _____.
   - **A** gris
   - **B** grise

7. Le meuble _____ contient ses jouets.
   - **A** vert
   - **B** verts

8. Elle m'a offert des gants _____.
   - **A** rouges
   - **B** rouge

9. Le bureau _____ de l'entrée est pour toi.
   - **A** noirs
   - **B** noir

VOTRE SCORE :

# Module 119
## LES BASES

**Focus** « des maillots orange »

*Corrigé page 264*

*Les mots soulignés sont-ils correctement écrits ?*

1. Les murs de sa cuisine sont <u>orange</u>.
   - **A** oui
   - **B** non

2. Les écharpes <u>turquoises</u> sont pour les demoiselles d'honneur.
   - **A** oui
   - **B** non

3. Ses joues toutes <u>roses</u> prouvent qu'elle a bien couru.
   - **A** oui
   - **B** non

4. Les vêtements de sa poupée sont <u>mauve</u>.
   - **A** oui
   - **B** non

5. Nous avons tous les yeux <u>noisettes</u> dans la famille.
   - **A** oui
   - **B** non

6. J'ai choisi des cadres <u>prunes</u> pour les photos.
   - **A** oui
   - **B** non

7. De beaux tapis <u>cerise</u> ont été posés dans l'entrée.
   - **A** oui
   - **B** non

8. Elles deviennent <u>écarlates</u> quand elles mentent.
   - **A** oui
   - **B** non

9. Le décorateur a opté pour des rideaux <u>framboises</u>.
   - **A** oui
   - **B** non

**Astuce** Les adjectifs de couleur issus d'un nom commun (comme *orange*, *marron*, *turquoise*) sont invariables. <u>Exemple</u> : *des bottes **marron**.*

# Module 119
## LES BASES

*Compléter les phrases suivantes :*

1. As-tu vu mes lunettes _____ ?
   - **A** roses
   - **B** roses

2. Ces chemises _____ ont l'air confortables.
   - **A** crème
   - **B** crèmes

3. Des pochettes _____ vous seront distribuées.
   - **A** abricot
   - **B** abricots

4. Mes lacets sont _____.
   - **A** pourpres
   - **B** pourpre

5. Ma mère a les cheveux _____.
   - **A** argents
   - **B** argent

6. J'écris sur des carnets _____.
   - **A** mauve
   - **B** mauves

7. Ses yeux _____ font chavirer toutes les filles.
   - **A** émeraude
   - **B** émeraudes

8. Nous avons déposé des couvertures _____.
   - **A** fauve
   - **B** fauves

9. Je n'aime pas trop les costumes _____.
   - **A** marrons
   - **B** marron

---

**Exceptions (adjectifs qui s'accordent)** : écarlate, fauve\*, incarnat\*, mauve, pourpre, rose.
\*fauve : d'un jaune tirant sur le roux.
\*incarnat : d'un rose très vif.

# Module 120
## LES BASES

**Focus** « des robes bleu foncé »

*Les mots soulignés sont-ils correctement écrits ?*

Corrigé page 264

1. Je préfère la lampe <u>bleue claire</u>.
   - **A** oui
   - **B** non

2. Ces robes <u>bleu foncé</u> sont à la mode.
   - **A** oui
   - **B** non

3. Quelques jupes <u>roses bonbon</u> ont été recousues.
   - **A** oui
   - **B** non

4. Ils portaient tous des bonnets <u>jaune poussin</u>.
   - **A** oui
   - **B** non

5. Les serviettes <u>gris-bleu</u> vont avec cette nappe.
   - **A** oui
   - **B** non

6. Mathis portait des chaussettes <u>vertes pomme</u> ce matin.
   - **A** oui
   - **B** non

7. Que pensez-vous des tuniques <u>vert émeraude</u> ?
   - **A** oui
   - **B** non

8. La tache est devenue <u>bleue-noire</u> au bout de deux minutes.
   - **A** oui
   - **B** non

9. La mère de Tom lui a tricoté des gants <u>gris clair</u>.
   - **A** oui
   - **B** non

---

**Astuce** Les adjectifs de couleur composés de deux mots sont invariables.
<u>Exemple</u> : *des bottes **bleu foncé**.*
Si ces adjectifs sont composés de deux adjectifs simples de couleur, un trait d'union les relie.
<u>Exemple</u> : *des bottes **bleu-vert**.*

**Module 120**
**LES BASES**

*Compléter les phrases suivantes :*

1. La couverture du livre sera _____ ?
   - A bleu-vert
   - B bleu vert

2. Les vêtements _____ sont à nouveau à la mode.
   - A jaunes foncés
   - B jaune foncé

3. Ma mère porte souvent des pulls _____.
   - A rose framboise
   - B roses framboises

4. L'affiche du festival est _____.
   - A bleu nuit
   - B bleue nuit

5. Ce professeur porte tous les jours un pantalon _____.
   - A bleu-marine
   - B bleu marine

6. Je dessine un oiseau _____.
   - A gris-vert
   - B gris vert

7. Ces fruits _____ ne sont pas mûrs.
   - A vert kaki
   - B verts kakis

8. Nous lui avons fabriqué un coussin _____.
   - A blanc-cassé
   - B blanc cassé

9. La voiture de sa sœur est _____.
   - A bleu pervenche
   - B bleue pervenche

*Corrigé page 264*

**Scores obtenus dans chaque module**

**Vous avez obtenu entre 0 et 6 ?** Reprenez chaque question en regardant les endroits où vous avez fait des erreurs.

**Vous avez obtenu entre 6 et 12 ?** C'est moyen, mais ne vous découragez pas.

**Vous avez obtenu entre 12 et 18 ?** Très bien ! Analysez les erreurs et, si besoin, révisez la ou les notions que vous ne maîtrisez pas complètement.

**Vous avez obtenu 18 et plus ?** Formidable !

# Modules 1 à 5
## CORRIGÉ

**MODULE 1 : LA LETTRE C**

**QCM 1**
1 **A**  2 **B**  3 **B**  4 **A**
**QCM 2**
1 **B**  2 **A**  3 **B**  4 **C**  5 **A**
**QCM 3**
1 **C**  2 **A**  3 **B**  4 **A**  5 **A**  6 **C**  7 **B**  8 **C**  9 **A**  10 **A**

**MODULE 2 : LA LETTRE G**

**QCM 1**
1 **A**  2 **B**  3 **B**  4 **A**
**QCM 2**
1 **A**  2 **C**  3 **B**  4 **B**  5 **C**
**QCM 3**
1 **C**  2 **B**  3 **A**  4 **C**  5 **B**  6 **C**  7 **A**  8 **B**  9 **B**  10 **C**

**MODULE 3 : LA LETTRE S**

**QCM 1**
1 **B**  2 **A**  3 **B**  4 **A**
**QCM 2**
1 **B**  2 **A**  3 **A**  4 **B**  5 **A**
**QCM 3**
1 **A**  2 **C**  3 **A**  4 **C**  5 **A**  6 **B**  7 **B**  8 **A**  9 **C**  10 **A**

**MODULE 4 : LES ACCENTS SUR LE E**

**QCM 1**
1 **A**  2 **C**  3 **B** et **C**  4 **C**  5 **C**  6 **B**  7 **C**  8 **A**  9 **A**  10 **B**
**QCM 2**
1 **A**  2 **A**  3 **B**  4 **A**  5 **B**  6 **A**  7 **A**  8 **B**  9 **A**  10 **A**

**MODULE 5 : LA LETTRE H**

**QCM 1**
1 **A**  2 **B**  3 **B**  4 **B**  5 **A**  6 **B**  7 **A**  8 **B**  9 **B**  10 **A**
**QCM 2**
1 **C**  2 **A**  3 **C**  4 **C**  5 **B**  6 **C**  7 **A**  8 **C**  9 **A**  10 **B**

# Modules 6 à 10
## CORRIGÉ

**MODULE 6 : LES PRÉFIXES ET LES SUFFIXES**

**QCM 1**
1 A  2 B  3 B  4 A  5 A  6 A  7 B  8 B  9 A  10 B
**QCM 2**
1 A  2 B  3 C  4 B  5 B  6 C  7 B  8 A  9 B  10 B

---

**MODULE 7 : LES SYNONYMES ET LES CONTRAIRES**

**QCM 1**
1 B  2 A  3 A  4 B  5 A  6 B  7 B  8 A  9 B  10 A
**QCM 2**
1 B  2 C  3 B  4 B  5 C
**QCM 3**
1 A  2 C  3 B  4 A  5 C

---

**MODULE 8 : LES NOMS COMMUNS**

**QCM 1**
1 B  2 A  3 A  4 B  5 B
**QCM 2**
1 B  2 C  3 A  4 C
**QCM 3**
1 A  2 C  3 B  4 C  5 C  6 C  7 A  8 A  9 B  10 B

---

**MODULE 9 : LES NOMS PROPRES**

**QCM 1**
1 A  2 B  3 A  4 A
**QCM 2**
1 B  2 A  3 B  4 B  5 A
**QCM 3**
1 B  2 A  3 B  4 B  5 A  6 C  7 B  8 A  9 C  10 A

---

**MODULE 10 : LES DÉTERMINANTS**

**QCM 1**
1 B  2 A  3 A  4 B  5 B  6 A  7 A  8 B  9 A  10 A
**QCM 2**
1 B  2 A  3 B  4 A  5 B  6 C  7 C  8 C  9 A  10 C

# Modules 11 à 16
## CORRIGÉ

**MODULE 11 : LE GENRE ET LE NOMBRE**

**QCM 1**
1 **B**  2 **A**  3 **C**  4 **C**  5 **B**  6 **A**  7 **A**  8 **B**  9 **C**

**QCM 2**
1 **A**  2 **B**  3 **B**  4 **A**  5 **A**  6 **A**  7 **B**  8 **B**  9 **A**  10 **B**

---

**MODULE 12 : L'ACCORD NOM-DÉTERMINANT**

**QCM 1**
1 **A**  2 **B**  3 **B**  4 **B**  5 **A**  6 **B**  7 **A**  8 **A**  9 **B**

**QCM 2**
1 **A**  2 **A**  3 **C**  4 **B**  5 **B**  6 **C**  7 **A**  8 **B**  9 **A**  10 **A**

---

**MODULE 13 : LES PLURIELS IRRÉGULIERS (1) (-AL)**

**QCM 1**
1 **A**  2 **B**  3 **B**  4 **B**  5 **A**  6 **A**  7 **A**  8 **B**  9 **B**  10 **A**

**QCM 2**
1 **A**  2 **B**  3 **A**  4 **A**  5 **B**  6 **B**  7 **B**  8 **A**  9 **B**  10 **A**

---

**MODULE 14 : LES PLURIELS IRRÉGULIERS (2) (-AU, -EAU, -EU)**

**QCM 1**
1 **A**  2 **B**  3 **A**  4 **B**  5 **A**  6 **A**  7 **A**  8 **B**  9 **A**  10 **A**

**QCM 2**
1 **B**  2 **B**  3 **A**  4 **B**  5 **A**  6 **B**  7 **B**  8 **A**  9 **A**  10 **A**

---

**MODULE 15 : LES PLURIELS IRRÉGULIERS (3) (-AIL)**

**QCM 1**
1 **A**  2 **A**  3 **B**  4 **B**  5 **B**  6 **A**  7 **A**  8 **B**  9 **A**  10 **B**

**QCM 2**
1 **A**  2 **A**  3 **B**  4 **A**  5 **B**  6 **B**  7 **A**  8 **A**  9 **A**  10 **B**

---

**MODULE 16 : LES PLURIELS IRRÉGULIERS (4) (-OU)**

**QCM 1**
1 **B**  2 **A**  3 **A**  4 **B**  5 **A**  6 **A**  7 **B**  8 **B**  9 **A**  10 **B**

**QCM 2**
1 **B**  2 **A**  3 **A**  4 **B**  5 **A**  6 **B**  7 **A**  8 **B**  9 **A**  10 **B**

# Modules 17 à 21
## CORRIGÉ

**MODULE 17 : LES PLURIELS IRRÉGULIERS (5) (-S ; -X ; -Z)**

**QCM 1**
1 **B**  2 **A**  3 **A**  4 **B**  5 **A**  6 **A**  7 **A**  8 **B**  9 **A**  10 **B**

**QCM 2**
1 **A**  2 **A**  3 **A**  4 **B**  5 **B**  6 **A**  7 **A**  8 **A**  9 **A**  10 **B**

---

**MODULE 18 : LES ADJECTIFS QUALIFICATIFS**

**QCM 1**
1 **A**  2 **B**  3 **A**  4 **B**  5 **A**

**QCM 2**
1 **A**  2 **C**  3 **C**  4 **A**

**QCM 3**
1 **A**  2 **B**  3 **A**  4 **B**  5 **C**  6 **A**  7 **C**  8 **C**  9 **B**  10 **A**

---

**MODULE 19 : L'ACCORD NOM-ADJECTIF**

**QCM 1**
1 **A**  2 **B**  3 **B**  4 **A**  5 **B**  6 **A**  7 **A**  8 **A**  9 **B**

**QCM 2**
1 **C**  2 **C**  3 **C**  4 **C**  5 **A**  6 **C**  7 **C**  8 **B**  9 **A**

---

**MODULE 20 : LE VERBE ET L'INFINITIF**

**QCM 1**
1 **A**  2 **B**  3 **B**  4 **A**  5 **A**

**QCM 2**
1 **C**  2 **A**  3 **B**  4 **A**

**QCM 3**
1 **A**  2 **B**  3 **C**  4 **C**  5 **C**  6 **A**  7 **C**  8 **C**  9 **B**  10 **C**

---

**MODULE 21 : LE SUJET**

**QCM 1**
1 **A**  2 **A**  3 **B**  4 **A**  5 **B**  6 **A**  7 **B**  8 **A**  9 **B**  10 **A**

**QCM 2**
1 **B**  2 **B**  3 **C**  4 **B**  5 **A**  6 **C**  7 **A**  8 **C**  9 **B**  10 **B**

# Modules 22 à 26
## CORRIGÉ

**MODULE 22 : LES PRONOMS**

**QCM 1**
1 B  2 A  3 B  4 A  5 A  6 B  7 A  8 A  9 A  10 B
**QCM 2**
1 C  2 A  3 B  4 C  5 A  6 B  7 A  8 C  9 A  10 C

---

**MODULE 23 : LE LIEN SUJET-VERBE**

**QCM 1**
1 B  2 A  3 B  4 A  5 A  6 B  7 B  8 A  9 A
**QCM 2**
1 B  2 B  3 B  4 C  5 A
**QCM 3**
1 B  2 A  3 C  4 A  5 B

---

**MODULE 24 : LE COMPLÉMENT D'OBJET DIRECT**

**QCM 1**
1 A  2 A  3 B  4 A  5 B  6 A  7 B  8 A  9 B
**QCM 2**
1 C  2 A  3 B  4 B  5 B  6 A  7 A  8 C  9 A  10 C

---

**MODULE 25 : LE COMPLÉMENT D'OBJET INDIRECT**

**QCM 1**
1 A  2 A  3 A  4 A  5 B  6 A  7 B  8 A  9 A
QCM 2
1 C  2 A  3 B  4 B  5 C  6 C  7 A  8 A  9 B

---

**MODULE 26 : DIFFÉRENCIER LES PRONOMS COI ET COD**

**QCM 1**
1 A  2 A  3 B  4 A  5 B
**QCM 2**
1 B  2 A  3 A  4 B
**QCM 3**
1 B  2 A  3 A  4 B  5 A  6 B  7 A  8 B  9 A  10 B

## Modules 27 à 31
### CORRIGÉ

---

**MODULE 27 : LES PRÉPOSITIONS**

**QCM 1**
1 **A**  2 **A**  3 **B**  4 **A**  5 **B**  6 **A**  7 **B**  8 **A**  9 **A**
**QCM 2**
1 **B**  2 **A**  3 **A**  4 **B**  5 **A**  6 **A**  7 **B**  8 **B**  9 **C**  10 **B**

---

**MODULE 28 : L'ATTRIBUT DU SUJET**

**QCM 1**
1 **A**  2 **A**  3 **A**  4 **B**  5 **A**  6 **B**  7 **A**  8 **A**  9 **B**
**QCM 2**
1 **B**  2 **B**  3 **A**  4 **A**  5 **B**  6 **B**  7 **A**  8 **A**  9 **A**

---

**MODULE 29 : LES COMPLÉMENTS CIRCONSTANCIELS**

**QCM 1**
1 **A**  2 **B**  3 **A**  4 **B**  5 **A**  6 **A**  7 **A**  8 **A**  9 **B**
**QCM 2**
1 **A**  2 **B**  3 **C**  4 **A**  5 **A**  6 **B**  7 **C**  8 **A**  9 **A**  10 **C**

---

**MODULE 30 : LES ADVERBES**

**QCM 1**
1 **B**  2 **A**  3 **A**  4 **A**  5 **B**
**QCM 2**
1 **A**  2 **A**  3 **B**  4 **A**
**QCM 3**
1 **B**  2 **C**  3 **A**  4 **C**  5 **B**  6 **B**  7 **C**  8 **B**  9 **B**  10 **B**

---

**MODULE 31 : LES CONJONCTIONS DE COORDINATION**

**QCM 1**
1 **B**  2 **B**  3 **A**  4 **A**  5 **B**  6 **A**  7 **A**  8 **B**  9 **A**
**QCM 2**
1 **A**  2 **B**  3 **B**  4 **A**  5 **B**  6 **A**  7 **B**  8 **A**  9 **A**  10 **C**

# Modules 32 à 37
## CORRIGÉ

**MODULE 32 : « ÊTRE » OU « AVOIR » ?**

**QCM 1**
1 **B**  2 **A**  3 **A**  4 **B**  5 **B**  6 **A**  7 **B**  8 **A**  9 **B**  10 **B**

**QCM 2**
1 **A**  2 **B**  3 **B**  4 **A**  5 **B**  6 **C**  7 **C**  8 **A**  9 **C**  10 **B**

---

**MODULE 33 : LES AUXILIAIRES**

**QCM 1**
1 **A**  2 **B**  3 **A**  4 **B**  5 **A**  6 **B**  7 **A**  8 **A**  9 **B**

**QCM 2**
1 **B**  2 **B**  3 **C**  4 **A**  5 **C**  6 **B**  7 **C**  8 **B**  9 **B**  10 **A**

---

**MODULE 34 : PRÉSENT OU FUTUR ?**

**QCM 1**
1 **B**  2 **A**  3 **B**  4 **A**  5 **B**  6 **A**  7 **A**  8 **B**  9 **B**

**QCM 2**
1 **A**  2 **B**  3 **B**  4 **B**  5 **A**  6 **B**  7 **B**  8 **A**  9 **B**  10 **A**

---

**MODULE 35 : PRÉSENT OU PASSÉ ?**

**QCM 1**
1 **B**  2 **A**  3 **B**  4 **B**  5 **A**  6 **B**  7 **B**  8 **A**  9 **B**

**QCM 2**
1 **A**  2 **B**  3 **B**  4 **A**  5 **B**  6 **B**  7 **B**  8 **A**  9 **B**  10 **A**

---

**MODULE 36 : LE PARTICIPE PASSÉ (LA VOIX PASSIVE)**

**QCM 1**
1 **B**  2 **A**  3 **B**  4 **A**  5 **A**  6 **B**  7 **A**  8 **A**  9 **B**

**QCM 2**
1 **A**  2 **C**  3 **B**  4 **A**  5 **B**  6 **A**  7 **A**  8 **B**  9 **C**  10 **C**

---

**MODULE 37 : LE PARTICIPE PASSÉ (LES TEMPS COMPOSÉS)**

**QCM 1**
1 **B**  2 **B**  3 **A**  4 **A**  5 **A**  6 **B**  7 **A**  8 **A**  9 **B**

**QCM 2**
1 **A**  2 **B**  3 **C**  4 **B**  5 **A**  6 **B**  7 **C**  8 **C**  9 **A**  10 **B**

## Modules 38 à 42
### CORRIGÉ

**MODULE 38 : LA PROPOSITION RELATIVE**

**QCM 1**
1 **A**  2 **B**  3 **A**  4 **B**  5 **A**  6 **B**  7 **A**  8 **A**  9 **A**

**QCM 2**
1 **C**  2 **B**  3 **A**  4 **C**  5 **C**  6 **B**  7 **B**  8 **C**  9 **A**  10 **C**

---

**MODULE 39 : LA PHRASE NÉGATIVE**

**QCM 1**
1 **B**  2 **A**  3 **A**  4 **A**  5 **B**  6 **B**  7 **A**  8 **A**  9 **B**

**QCM 2**
1 **C**  2 **B**  3 **A**  4 **C**  5 **B**  6 **A**  7 **B**  8 **B**  9 **B**  10 **A**

---

**MODULE 40 : LA PHRASE INTERROGATIVE**

**QCM 1**
1 **B**  2 **A**  3 **A**  4 **B**  5 **A**  6 **B**  7 **A**  8 **B**  9 **B**

QCM 2
1 **A**  2 **B**  3 **C**  4 **B**  5 **A**  6 **C**  7 **B**  8 **C**  9 **A**  10 **C**

---

**MODULE 41 : LA 3ᵉ PERSONNE DU PLURIEL**

**QCM 1**
1 **B**  2 **C**  3 **B**  4 **C**  5 **C**

**QCM 2**
1 **B**  2 **B**  3 **A**  4 **A**

**QCM 3**
1 **A**  2 **B**  3 **C**  4 **B**  5 **C**

**QCM 4**
1 **A**  2 **C**

**QCM 5**
1 **B**  2 **C**

---

**MODULE 42 : L'ACCORD DU PARTICIPE PASSÉ AVEC L'AUXILIAIRE « ÊTRE »**

**QCM 1**
1 **A**  2 **B**  3 **B**  4 **A**  5 **B**  6 **A**  7 **B**  8 **B**  9 **A**

**QCM 2**
1 **B**  2 **A**  3 **C**  4 **A**  5 **C**  6 **B**  7 **A**  8 **C**  9 **A**

**Modules 43 à 46**
CORRIGÉ

**MODULE 43 : « SON » OU « SONT » ?**

**QCM 1**
1 A   2 C   3 A   4 C   5 B
**QCM 2**
1 A   2 C   3 C   4 C
**QCM 3**
1 B   2 A   3 B   4 B   5 A
**QCM 4**
1 A   2 B   3 A   4 A

**MODULE 44 : « -É » OU « -ER » ?**

**QCM 1**
1 A   2 B   3 B   4 A   5 B
**QCM 2**
1 B   2 B   3 B   4 C
**QCM 3**
1 A   2 B   3 B   4 A   5 A
**QCM 4**
1 A   2 B   3 A   4 B

**MODULE 45 : « A » OU « À » ?**

**QCM 1**
1 A   2 B   3 A   4 A   5 B
**QCM 2**
1 B   2 A   3 A   4 B
**QCM 3**
1 B   2 A   3 B   4 A   5 A
**QCM 4**
1 B   2 A   3 B   4 A

**MODULE 46 : « OU » OU « OÙ » ?**

**QCM 1**
1 B   2 A   3 A   4 B   5 A   6 B   7 A   8 B   9 A   10 B
**QCM 2**
1 A   2 B   3 A   4 B   5 A
**QCM 3**
1 B   2 A   3 A   4 B

# Modules 47 à 50
CORRIGÉ

**MODULE 47 : « ÇA » OU « SA » ?**

**QCM 1**
1 A  2 B  3 B  4 A  5 B
**QCM 2**
1 B  2 A  3 A  4 B
**QCM 3**
1 B  2 A  3 A  4 B  5 A
**QCM 4**
1 A  2 B  3 A  4 B

---

**MODULE 48 : « DANS » OU « D'EN » ?**

**QCM 1**
1 B  2 A  3 A  4 B  5 B  6 A  7 B  8 A  9 B  10 A
**QCM 2**
1 B  2 A  3 A  4 B  5 A
**QCM 3**
1 A  2 A  3 B  4 B

---

**MODULE 49 : « VOUS PARLER » OU « VOUS PARLEZ » ?**

**QCM 1**
1 A  2 B  3 A  4 B  5 A  6 B  7 A  8 A  9 B  10 A
**QCM 2**
1 B  2 A  3 B  4 A  5 B
**QCM 3**
1 B  2 A  3 A  4 B

---

**MODULE 50 : « ON » OU « ONT » ?**

**QCM 1**
1 A  2 B  3 B  4 A  5 A  6 B  7 B  8 B  9 A  10 A
**QCM 2**
1 B  2 A  3 B  4 A  5 B
**QCM 3**
1 A  2 A  3 B  4 B

# Modules 51 à 55
## CORRIGÉ

**MODULE 51 : « JE LE SAVAIS » OU « JE LE SAVAIT » ?**

**QCM 1**
1 A  2 A  3 B  4 A  5 A  6 B  7 B  8 B  9 A  10 A
**QCM 2**
1 A  2 B  3 A  4 B  5 A
**QCM 3**
1 A  2 B  3 A  4 B

---

**MODULE 52 : « NOUS NOUS AMUSONS » ?**

**QCM 1**
1 B  2 B  3 A  4 B  5 A  6 B  7 A  8 A  9 B  10 A
**QCM 2**
1 A  2 B  3 A  4 B  5 A
**QCM 3**
1 A  2 B  3 A  4 B

---

**MODULE 53 : « TU MANGES » ET « TU MANGERAS »**

**QCM 1**
1 B  2 A  3 B  4 B  5 A  6 B  7 B  8 A  9 B  10 B
**QCM 2**
1 A  2 B  3 B  4 A  5 A
**QCM 3**
1 A  2 B  3 A  4 B

---

**MODULE 54 : « LA », « L'A(S) » OU « LÀ » ?**

**QCM 1**
1 A  2 A  3 B  4 A  5 B
**QCM 2**
1 B  2 A  3 B  4 A
**QCM 3**
1 A  2 B  3 B  4 A  5 C  6 B  7 A  8 C  9 A

---

**MODULE 55 : « JE PEUX » ET « JE VEUX »**

**QCM 1**
1 A  2 A  3 B  4 B  5 B  6 A  7 A  8 B  9 A  10 A
**QCM 2**
1 B  2 B  3 B  4 A  5 B  6 B  7 B  8 A  9 B  10 B

## Modules 56 à 61
CORRIGÉ

**MODULE 56 : « IL TRAVAILLE »**

**QCM 1**
1 B  2 A  3 B  4 A  5 B  6 B  7 A  8 A  9 B  10 B
**QCM 2**
1 A  2 B  3 B  4 B  5 A  6 A  7 A  8 B  9 A  10 A

---

**MODULE 57 : « SI » OU « S'Y » ?**

**QCM 1**
1 A  2 B  3 A  4 A  5 B  6 A  7 B  8 A  9 B  10 A
**QCM 2**
1 B  2 A  3 A  4 B  5 A  6 B  7 B  8 B  9 A

---

**MODULE 58 : « EST » OU « ET » ?**

**QCM 1**
1 B  2 A  3 A  4 B  5 B  6 A  7 A  8 B  9 B  10 A
**QCM 2**
1 A  2 A  3 B  4 A  5 A  6 B  7 A  8 B  9 B  10 A

---

**MODULE 59 : « CES » OU « SES » ?**

**QCM 1**
1 A  2 B  3 A  4 A  5 B  6 A  7 A  8 B  9 A  10 B
**QCM 2**
1 A  2 B  3 B  4 A  5 B  6 B  7 A  8 B  9 A  10 A*

*de préférence « les siennes » pour le sens

---

**MODULE 60 : « DES MANCHES COURTES »**

**QCM 1**
1 A  2 B  3 B  4 A  5 B  6 A  7 B  8 A  9 B
**QCM 2**
1 A  2 A  3 B  4 B  5 A  6 A  7 A  8 B  9 B

---

**MODULE 61 : « QUAND » OU « QU'EN ? »**

**QCM 1**
1 A  2 B  3 A  4 B  5 A  6 B  7 A  8 A  9 B
**QCM 2**
1 A  2 B  3 B  4 A  5 A  6 A  7 B  8 A  9 B

**Modules 62 à 67**
CORRIGÉ

**MODULE 62 : « MIEUX » OU « AUPARAVANT » ?**

**QCM 1**
1 **B**  2 **A**  3 **A**  4 **B**  5 **B**  6 **A**  7 **B**  8 **A**  9 **B**  10 **A**
**QCM 2**
1 **B**  2 **A**  3 **B**  4 **A**  5 **B**  6 **B**  7 **A**  8 **B**  9 **B**  10 **A**

---

**MODULE 63 : « FAISANT » ET « FAISAIT »**

**QCM 1**
1 **B**  2 **A**  3 **A**  4 **B**  5 **A**  6 **B**  7 **A**  8 **B**  9 **A**
**QCM 2**
1 **A**  2 **B**  3 **A**  4 **B**  5 **A**  6 **B**  7 **A**  8 **A**  9 **A**  10 **B**

---

**MODULE 64 : « POUR LES VOIR »**

**QCM 1**
1 **B**  2 **A**  3 **B**  4 **A**  5 **B**  6 **A**  7 **B**  8 **A**  9 **B**
**QCM 2**
1 **A**  2 **B**  3 **A**  4 **B**  5 **A**  6 **A**  7 **B**  8 **A**  9 **A**  10 **B**

---

**MODULE 65 : PARTICIPE PASSÉ CONJUGUÉ AVEC L'AUXILIAIRE « AVOIR » (1)**

**QCM 1**
1 **B**  2 **A**  3 **B**  4 **A**  5 **B**  6 **A**  7 **B**  8 **A**  9 **A**
**QCM 2**
1 **A**  2 **B**  3 **A**  4 **B**  5 **A**  6 **B**  7 **A**  8 **B**  9 **B**  10 **A**

---

**MODULE 66 : « J'AI ÉTÉ » OU « JE SUIS ALLÉ » ?**

**QCM 1**
1 **B**  2 **A**  3 **A**  4 **A**  5 **B**  6 **A**  7 **A**  8 **B**  9 **A**
**QCM 2**
1 **B**  2 **A**  3 **A**  4 **A**  5 **A**  6 **B**  7 **A**  8 **A**  9 **B**

---

**MODULE 67 : « TOUS LES »**

**QCM 1**
1 **B**  2 **A**  3 **A**  4 **B**  5 **A**  6 **B**  7 **A**  8 **B**  9 **A**
**QCM 2**
1 **C**  2 **A**  3 **C**  4 **A**  5 **B**  6 **B**  7 **B**  8 **A**  9 **B**  10 **C**

**Modules 68 à 73**
CORRIGÉ

**MODULE 68 : « PLUTÔT » OU « PLUS TÔT » ?**

**QCM 1**
1 **A** 2 **A** 3 **B** 4 **B** 5 **A** 6 **A** 7 **A** 8 **B** 9 **B**
**QCM 2**
1 **A** 2 **B** 3 **A** 4 **B** 5 **B** 6 **B** 7 **A** 8 **B** 9 **A**

---

**MODULE 69 : « NI » OU « N'Y » ?**

**QCM 1**
1 **B** 2 **B** 3 **A** 4 **A** 5 **B** 6 **A** 7 **A** 8 **B** 9 **A**
**QCM 2**
1 **A** 2 **B** 3 **A** 4 **B** 5 **B** 6 **B** 7 **B** 8 **A** 9 **B**

---

**MODULE 70 : « QUAND » OU « QUANT » ?**

**QCM 1**
1 **B** 2 **A** 3 **A** 4 **A** 5 **B** 6 **A** 7 **B** 8 **B** 9 **A**
**QCM 2**
1 **A** 2 **B** 3 **A** 4 **A** 5 **B** 6 **B** 7 **A** 8 **B** 9 **A**

---

**MODULE 71 : « BIEN SÛR » ET « BIEN ENTENDU »**

**QCM 1**
1 **A** 2 **B** 3 **B** 4 **A** 5 **A** 6 **A** 7 **B** 8 **B** 9 **A**
**QCM 2**
1 **A** 2 **B** 3 **A** 4 **B** 5 **A** 6 **B** 7 **B** 8 **A** 9 **A**

---

**MODULE 72 : « QU'IL AIT » OU « QU'IL EST » ?**

**QCM 1**
1 **A** 2 **A** 3 **B** 4 **A** 5 **A** 6 **B** 7 **B** 8 **A** 9 **A**
**QCM 2**
1 **A** 2 **A** 3 **B** 4 **B** 5 **B** 6 **A** 7 **A** 8 **B** 9 **A**

---

**MODULE 73 : « DEMI » OU « DEMIE » ?**

**QCM 1**
1 **A** 2 **B** 3 **A** 4 **B** 5 **B** 6 **B** 7 **A** 8 **B** 9 **A**
**QCM 2**
1 **B** 2 **A** 3 **A** 4 **C** 5 **B** 6 **C** 7 **B** 8 **B** 9 **A**

# Modules 74 à 79
## CORRIGÉ

**MODULE 74 : « OR » OU « HORS » ?**

**QCM 1**
1**A** 2**B** 3**A** 4**B** 5**A** 6**B** 7**B** 8**A** 9**A**
**QCM 2**
1**B** 2**A** 3**A** 4**B** 5**B** 6**B** 7**B** 8**A** 9**B**

---

**MODULE 75 : « PARCE QUE » OU « PAR CE QUE » ?**

**QCM 1**
1**A** 2**A** 3**B** 4**A** 5**A** 6**B** 7**A** 8**B** 9**B**
**QCM 2**
1**A** 2**B** 3**A** 4**B** 5**A** 6**A** 7**B** 8**A** 9**A**

---

**MODULE 76 : « C'EST » OU « S'EST » ? « CE SONT » OU « SE SONT » ?**

**QCM 1**
1**A** 2**A** 3**B** 4**A** 5**B** 6**A** 7**A** 8**A** 9**B**
**QCM 2**
1**A** 2**B** 3**A** 4**A** 5**A** 6**C** 7**C** 8**C** 9**A**

---

**MODULE 77 : « TU PARIES »**
**QCM 1**
1**B** 2**A** 3**B** 4**A** 5**B** 6**B** 7**A** 8**A** 9**B**
**QCM 2**
1**B** 2**A** 3**A** 4**C** 5**A** 6**A** 7**C** 8**B** 9**C**

---

**MODULE 78 : « SANS », « S'EN » OU « C'EN » ?**

**QCM 1**
1**B** 2**A** 3**A** 4**A** 5**B** 6**B** 7**B** 8**A** 9**B**
**QCM 2**
1**C** 2**A** 3**C** 4**B** 5**C** 6**A** 7**C** 8**C** 9**A**

---

**MODULE 79 : « J'ENVOIE »**

**QCM 1**
1**A** 2**B** 3**B** 4**B*** 5**A** 6**A** 7**B** 8**A** 9**B**
**QCM 2**
1**A** 2**A** 3**B** 4**A** 5**C** 6**C** 7**A** 8**B** 9**B**

*On écrit « broie-t-il » (le « t » est ajouté pour la liaison et entouré de deux traits d'union)

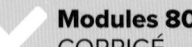

**Modules 80 à 85**
CORRIGÉ

**MODULE 80 : « LEUR » OU « LEURS » ?**

**QCM 1**
1**A** 2**B** 3**A** 4**B** 5**B** 6**A** 7**A** 8**B** 9**A**
**QCM 2**
1**A** 2**B** 3**A** 4**B** 5**A** 6**A** 7**A** 8**B** 9**A**

---

**MODULE 81 : « VOIE » OU « VOIX » ?**

**QCM 1**
1**B** 2**A** 3**B** 4**B** 5**A** 6**B** 7**A** 8**B** 9**A**
**QCM 2**
1**A** 2**A** 3**A** 4**B** 5**A** 6**A** 7**B** 8**B** 9**A**

---

**MODULE 82 : « HUIT HEURES » ET « HUIT EUROS » ?**

**QCM 1**
1**A** 2**B** 3**A** 4**A** 5**B** 6**A** 7**B** 8**B** 9**A**
**QCM 2**
1**A** 2**A** 3**B** 4**A** 5**B** 6**B** 7**B** 8**B** 9**A**

---

**MODULE 83 : « IL ENTEND »**

**QCM 1**
1**A** 2**B** 3**B** 4**A** 5**A** 6**A** 7**B** 8**A** 9**A**
**QCM 2**
1**C** 2**A** 3**A** 4**C** 5**B** 6**A** 7**C** 8**C** 9**B**

---

**MODULE 84 : « C » OU « Ç » ?**

**QCM 1**
1**B** 2**A** 3**A** 4**B** 5**B** 6**A** 7**B** 8**A** 9**A**
**QCM 2**
1**B** 2**A** 3**B** 4**A** 5**B** 6**B** 7**B** 8**A** 9**A**

---

**MODULE 85 : « MANGE ! », MAIS « MANGES-EN ! »**

**QCM 1**
1**A** 2**A** 3**B** 4**B** 5**A** 6**B** 7**B** 8**A** 9**B**
**QCM 2**
1**B** 2**A** 3**A** 4**A** 5**B** 6**A** 7**B** 8**B** 9**B**

**Modules 86 à 91**
CORRIGÉ

**MODULE 86 : « LES QUATRE »**

**QCM 1**
1 **A**  2 **B**  3 **A**  4 **B**  5 **B**  6 **A**  7 **B**  8 **A**  9 **B**
**QCM 2**
1 **A**  2 **B**  3 **B**  4 **A**  5 **B**  6 **B**  7 **A**  8 **A**  9 **B**

**MODULE 87 : « EST-CE QUE LE REPAS EST PRÊT ? »**

**QCM 1**
1 **A**  2 **B**  3 **A**  4 **B**  5 **A**  6 **B**  7 **A**  8 **A**  9 **A**
**QCM 2**
1 **A**  2 **B**  3 **A**  4 **B**  5 **B**  6 **B**  7 **A**  8 **A**  9 **A**

**MODULE 88 : « PRÊT » OU « PRÈS » ?**

**QCM 1**
1 **A**  2 **A**  3 **B**  4 **B**  5 **B**  6 **B**  7 **A**  8 **A**  9 **A**
**QCM 2**
1 **A**  2 **B**  3 **B**  4 **A**  5 **A**  6 **A**  7 **B**  8 **A**  9 **A**

**MODULE 89 : « LANGAGE » ET « CAUCHEMAR »**

**QCM 1**
1 **B**  2 **A**  3 **A**  4 **B**  5 **A**  6 **B**  7 **A**  8 **B**  9 **A**
**QCM 2**
1 **A**  2 **A**  3 **B**  4 **B**  5 **A**  6 **B**  7 **A**  8 **A**  9 **B**

**MODULE 90 : « NOTRE » ET « NÔTRE » ? « VOTRE » ET « VÔTRE » ?**

**QCM 1**
1 **B**  2 **A**  3 **A**  4 **A**  5 **B**  6 **B**  7 **B**  8 **A**  9 **B**
**QCM 2**
1 **A**  2 **A**  3 **B**  4 **A**  5 **B**  6 **A**  7 **A**  8 **B**  9 **A**

**MODULE 91 : « AVOIR À FAIRE » OU « AVOIR AFFAIRE » ?**

**QCM 1**
1 **A**  2 **B**  3 **B**  4 **B**  5 **B**  6 **B**  7 **A**  8 **A**  9 **A**
**QCM 2**
1 **A**  2 **B**  3 **A**  4 **B**  5 **A**  6 **B**  7 **A**  8 **B**  9 **A**

**Modules 92 à 97**
CORRIGÉ

**MODULE 92 : « PEUT ÊTRE » OU « PEUT-ÊTRE » ?**

**QCM 1**
1 A  2 A  3 B  4 B  5 A  6 A  7 B  8 B  9 B
**QCM 2**
1 B  2 A  3 A  4 B  5 B  6 A  7 B  8 A  9 A

---

**MODULE 93 : « MAGASIN » ET « MAGAZINE » ?**

**QCM 1**
1 A  2 B  3 A  4 B  5 A  6 B  7 A  8 B  9 A
**QCM 2**
1 A  2 A  3 B  4 A  5 A  6 B  7 A  8 A  9 B

---

**MODULE 94 : « DITES » OU « DÎTES » ?**

**QCM 1**
1 A  2 B  3 B  4 A  5 B  6 A  7 A  8 A  9 A
**QCM 2**
1 A  2 B  3 A  4 A  5 B  6 A  7 A  8 B  9 A

---

**MODULE 95 : « DAVANTAGE » OU « D'AVANTAGE(S) » ?**

**QCM 1**
1 A  2 A  3 B  4 A  5 B  6 B  7 B  8 A  9 A
**QCM 2**
1 A  2 B  3 A  4 B  5 A  6 A  7 A  8 B  9 B

---

**MODULE 96 : « ACCUEIL » + AUTRES MOTS EN -CUEIL**

**QCM 1**
1 A  2 B  3 B  4 A  5 A  6 B  7 A  8 A  9 B
**QCM 2**
1 B  2 A  3 B  4 A  5 A  6 B  7 A  8 B  9 B

---

**MODULE 97 : « CRÉÉE »**

**QCM 1**
1 A  2 B  3 A  4 A  5 B  6 A  7 B  8 A  9 B
**QCM 2**
1 B  2 A  3 A  4 B  5 A  6 B  7 A  8 B  9 B

# Modules 98 à 103
## CORRIGÉ

**MODULE 98 : « VOIR » OU « VOIRE » ?**

**QCM 1**
1**A** 2**B** 3**B** 4**A** 5**B** 6**B** 7**A** 8**A** 9**B**

**QCM 2**
1**B** 2**A** 3**A** 4**B** 5**B** 6**A** 7**B** 8**A** 9**B**

---

**MODULE 99 : « CENSÉ » OU « SENSÉ » ?**

**QCM 1**
1**A** 2**B** 3**A** 4**B** 5**B** 6**B** 7**B** 8**A** 9**A**

**QCM 2**
1**A** 2**B** 3**B** 4**A** 5**A** 6**B** 7**A** 8**B** 9**A**

---

**MODULE 100 : « CE FAISANT » OU « SE FAISANT » ?**

**QCM 1**
1**A** 2**A** 3**B** 4**A** 5**A** 6**A** 7**A** 8**B** 9**B**

**QCM 2**
1**A** 2**A** 3**B** 4**B** 5**A** 6**B** 7**B** 8**A** 9**B**

---

**MODULE 101 : « VA » OU « VAS » ?**

**QCM 1**
1**A** 2**B** 3**A** 4**A** 5**B** 6**B** 7**A** 8**A** 9**B**

**QCM 2**
1**A** 2**A** 3**B** 4**A** 5**A** 6**A** 7**B** 8**A** 9**B**

---

**MODULE 102 : « JE SERAI » OU « JE SERAIS » ?**

**QCM 1**
1**A** 2**A** 3**B** 4**A** 5**A** 6**A** 7**A** 8**B** 9**B**

**QCM 2**
1**B** 2**B** 3**A** 4**B** 5**A** 6**A** 7**A** 8**A** 9**A**

---

**MODULE 103 : « HORMIS » OU « PARMI » ?**

**QCM 1**
1**A** 2**B** 3**B** 4**A** 5**A** 6**B** 7**A** 8**B** 9**A**

**QCM 2**
1**B** 2**A** 3**A** 4**A** 5**B** 6**B** 7**A** 8**B** 9**A**

**Modules 104 à 109**
CORRIGÉ

**MODULE 104 : « APPELER » ET « RAPPELLE »**

**QCM 1**
1 **A**  2 **B**  3 **B**  4 **A**  5 **B**  6 **A**  7 **A**  8 **B**  9 **A**
**QCM 2**
1 **A**  2 **B**  3 **A**  4 **B**  5 **A**  6 **B**  7 **A**  8 **A**  9 **B**

---

**MODULE 105 : « PERSONNEL » ET « NATIONAL »**

**QCM 1**
1 **A**  2 **A**  3 **B**  4 **A**  5 **A**  6 **A**  7 **B**  8 **B**  9 **A**
**QCM 2**
1 **B**  2 **A**  3 **A**  4 **B**  5 **A**  6 **A**  7 **B**  8 **A**  9 **B**

---

**MODULE 106 : « L'AMITIÉ » ET « LA QUALITÉ »**

**QCM 1**
1 **A**  2 **B**  3 **A**  4 **A**  5 **A**  6 **B**  7 **B**  8 **A**  9 **A**
**QCM 2**
1 **A**  2 **A**  3 **A**  4 **B**  5 **A**  6 **B**  7 **B**  8 **A**  9 **B**

---

**MODULE 107 : « DÉVELOPPER » ET « INTÉRESSER »**

**QCM 1**
1 **B**  2 **A**  3 **B**  4 **B**  5 **A**  6 **B**  7 **A**  8 **A**  9 **B**
**QCM 2**
1 **B**  2 **A**  3 **B**  4 **A**  5 **A**  6 **B**  7 **A**  8 **A**  9 **A**

---

**MODULE 108 : « ON A, ON EN, ON Y » OU « ON N'A, ON N'EN, ON N'Y » ?**

**QCM 1**
1 **B**  2 **B**  3 **A**  4 **A**  5 **B**  6 **B**  7 **A**  8 **B**  9 **A**
**QCM 2**
1 **A**  2 **B**  3 **A**  4 **B**  5 **A**  6 **A**  7 **A**  8 **A**  9 **B**

---

**MODULE 109 : « ILS SONT DEBOUT » ET « ILS SONT ENSEMBLE »**

**QCM 1**
1 **A**  2 **B**  3 **A**  4 **B**  5 **B**  6 **A**  7 **A**  8 **B**  9 **B**
**QCM 2**
1 **B**  2 **A**  3 **A**  4 **B**  5 **A**  6 **B**  7 **A**  8 **B**  9 **A**

# Modules 110 à 115
## CORRIGÉ

**MODULE 110 : « UNE » ESPÈCE DE**

**QCM 1**
1**A** 2**B** 3**A** 4**B** 5**A** 6**B** 7**A** 8**B** 9**A**
**QCM 2**
1**B** 2**B** 3**A** 4**B** 5**A** 6**B** 7**B** 8**A** 9**B**

---

**MODULE 111 : PASSAGE À L'INTERROGATION INDIRECTE**

**QCM 1**
1**B** 2**A** 3**A** 4**B** 5**A** 6**A** 7**B** 8**A** 9**B**
**QCM 2**
1**B** 2**A** 3**B** 4**A** 5**B** 6**B** 7**A** 8**B** 9**B**

---

**MODULE 112 : PARTICIPE PASSÉ AVEC L'AUXILIAIRE « AVOIR » (2)**

**QCM 1**
1**B** 2**B** 3**A** 4**A** 5**A** 6**B** 7**B** 8**A** 9**A**
**QCM 2**
1**A** 2**A** 3**A** 4**B** 5**A** 6**B** 7**A** 8**A** 9**B**

---

**MODULE 113 : PARTICIPE PASSÉ SUIVI D'UN VERBE À L'INFINITIF**

**QCM 1**
1**A** 2**A** 3**B** 4**B** 5**B** 6**A** 7**A** 8**A** 9**B**
**QCM 2**
1**B** 2**A** 3**A** 4**B** 5**B** 6**B** 7**B** 8**A** 9**B**

---

**MODULE 114 : QUEL TEMPS APRÈS « SI » ?**

**QCM 1**
1**A** 2**A** 3**B** 4**A** 5**B**
**QCM 2**
1**A** 2**B** 3**B** 4**A**
**QCM 3**
1**A** 2**A** 3**A** 4**A** 5**A** 6**B** 7**A** 8**B** 9**B**

---

**MODULE 115 : « IONS » OU « IIONS » ? « IEZ » OU « IIEZ » ?**

**QCM 1**
1**B** 2**A** 3**B** 4**B** 5**B** 6**A** 7**B** 8**B** 9**B**
**QCM 2**
1**A** 2**B** 3**B** 4**A** 5**A** 6**A** 7**B** 8**A** 9**A**

# Modules 116 à 120
## CORRIGÉ

**MODULE 116 : « QUOI QUE » OU « QUOIQUE » ?**

**QCM 1**
1**A** 2**B** 3**B** 4**A** 5**A** 6**A** 7**B** 8**A** 9**B**
**QCM 2**
1**B** 2**A** 3**B** 4**B** 5**A** 6**B** 7**A** 8**B** 9**A**

---

**MODULE 117 : « 1,5 KILOMÈTRE »**

**QCM 1**
1**A** 2**A** 3**B** 4**B** 5**A** 6**B** 7**B** 8**A** 9**A**
**QCM 2**
1**A** 2**B** 3**B** 4**A** 5**B** 6**A** 7**A** 8**B** 9**A**

---

**MODULE 118 : « DES NUAGES BLANCS »**

**QCM 1**
1**B** 2**A** 3**A** 4**B** 5**A** 6**B** 7**A** 8**A** 9**B**
**QCM 2**
1**B** 2**A** 3**A** 4**B** 5**A** 6**B** 7**A** 8**A** 9**B**

---

**MODULE 119 : « DES MAILLOTS ORANGE »**

**QCM 1**
1**A** 2**B** 3**A** 4**B** 5**B** 6**B** 7**A** 8**A** 9**B**
**QCM 2**
1**B** 2**A** 3**A** 4**A** 5**B** 6**B** 7**A** 8**B** 9**B**

---

**MODULE 120 : « DES ROBES BLEU FONCÉ »**

**QCM 1**
1**B** 2**A** 3**B** 4**A** 5**A** 6**B** 7**A** 8**B** 9**A**
**QCM 2**
1**A** 2**B** 3**A** 4**A** 5**B** 6**A** 7**A** 8**B** 9**A**

---

© 2019, ASSIMIL
Dépôt légal : mai 2019 N° d'édition : 3868
ISBN : 978-2-7005-0838-3

Achevé d'imprimer en Slovénie par
DZS Grafik - mai 2019
www.assimil.com